Jutta Allmendinger

Frauen auf dem Sprung

Wie junge Frauen heute leben wollen

DIE BRIGITTE-STUDIE

Pantheon

FSC

Mix

Produktgruppe aus vorbildlich
bewirtschafteten Wäldern und
anderen kontrollierten Herkünften

Zert.-Nr. SGS-COC-1940
www.fsc.org
© 1996 Forest Stewardship Council

Verlagsgruppe Random House FSC-DEU-0100
Das für dieses Buch verwendete FSC-zertifizierte Papier *Munken Pocket*
liefert Arctic Paper Munkedals AB, Schweden.

Erste Auflage
Dezember 2009

Copyright © 2009 by Pantheon Verlag, München,
in der Verlagsgruppe Random House GmbH

Umschlaggestaltung: Büro Jorge Schmidt, München
Lektorat: Jana Schrewe
Forschungsassistenz: Christine Puschmann
Satz: Ditta Ahmadi, Berlin
Karte und Grafiken: Peter Palm, Berlin
Druck und Bindung: GGP Media GmbH, Pößneck
Printed in Germany 2009
ISBN 978-3-570-55126-4

www.pantheon-verlag.de

Inhalt

ANHANG

Vorwort

Dieses Buch erzählt von den Lebensentwürfen und Lebensverläufen junger Frauen in Deutschland, die wir 2007 und dann wieder 2009 befragt haben. In vielen persönlichen Gesprächen und über 3000 Interviews haben wir erkundet, wie sich die jungen Frauen ihr Leben vorstellen und was sie von ihrer Erwerbsarbeit, ihren Partnerschaften, von der Gesellschaft erwarten. Spannend ist der Vergleich über die Jahre. Werden Frauen mit dem Alter traditioneller? Kehren sie zurück zu Heim und Herd? Nimmt ihnen die Wirtschaftskrise den Schwung?

Beide BRIGITTE-Studien sind das Gemeinschaftswerk eines tollen Teams. Frauen und Männer, Schüler und Erwerbstätige, Menschen mit und ohne Kinder, aus West- und Ostdeutschland, mit ganz unterschiedlichen Berufen, aus ganz unterschiedlichen Disziplinen, in ganz unterschiedlichem Alter haben zusammengearbeitet. Aus der Forschung wissen wir: Heterogene Teams sind kreativ, auch wenn sie oft besonders anstrengend sind.

Angestrengt haben sich alle, auch die Befragten. Wir haben in der ersten Phase mit mehr jungen Frauen persönlich gesprochen, als zunächst vorgesehen. Es faszinierten uns die Lebensentwürfe der jungen Frauen, ihr Selbstbewusstsein, ihre Redegewandtheit. Uns überraschten Unterschiede zwischen West- und Ostdeutschen, die wir so nicht mehr erwartet hätten. Die langen Gespräche mit den Frauen machten uns auch neugierig auf die jungen Männer. Lauschten wir hier Erzählungen einer insgesamt neuen Generation oder lediglich den Lebensvorstellungen einer neuen Frauengeneration? Mit jedem Gespräch, das wir mit den jungen Frauen führten, gewann die Frage mehr an Gewicht: Geschlecht oder Generation? Schließlich haben wir uns entschlossen, eine zweite, exakt parallel angelegte Befragung junger Männer durchzuführen. Diese Dokumentation der BRIGITTE-Studien 2007 und 2009 enthält daher systematische Vergleiche mit den Ergebnissen der parallel am Wissenschaftszentrum Berlin für Sozialforschung (WZB) erarbeiteten Erhebungen »Männer unter Druck«.

Nach den offenen Vorgesprächen mit jungen Frauen und Männern in vielen großen und kleinen Erhebungen im Osten, Süden, Norden und Westen Deutschlands glühten uns förmlich die Köpfe: Wie nur sollten wir jetzt eine standardisierte Befragung auf die Beine stellen, in der all die interessanten Ansätze unserer Gesprächspartnerinnen und -partner nicht verloren gehen? Wir sahen nur einen Weg: Wir wollten die Befragten so wenig wie möglich in vorgegebene Antwortkategorien einzwängen, ihnen maximale Freiheit lassen. Also baten wir sie, Bilder zu kleben, die ihre Lebensentwürfe darstellen, und Kärtchen auszuwählen, auf denen bestimmte Gesellschaftsentwürfe zu sehen sind, um schließlich den eigenen Platz in dieser Gesellschaft zu markieren. Wir zeigten Fotos und fragten, mit welcher der abgebildeten Person sie sich identifizieren, wer die Zukunft unserer Gesellschaft prägen solle, wer sie tatsächlich prägen würde. Das alles war Neuland, das wir betreten haben.

Wer hätte uns auf diesem Weg besser begleiten können als die Vorgeneration, Jugendliche also, die noch jünger als unsere Befragten sind, vielleicht noch freier, spontaner im Denken, noch weniger eingesperrt in gesellschaftliche Lebensgrenzen. Philipp und Max, Rosa und Sina waren unsere vier Jungen, mit denen wir viel ausheckt haben: Auf Pyramiden, Zwiebeln, Rechtecke, Handballspieler und Fischschwärme haben sie uns gebracht. Sie haben gestaltet, getestet, verworfen, neu entworfen, frisch gedeutet. Ihre Nachfragen haben unsere Fragen modifiziert. Für ein kleines Stück Sozialforschung haben sie uns ihr bisschen freie Zeit und das kostbare Gut freier gemeinsamer Augenblicke gegeben. Wir danken ihnen dafür und widmen dieses Buch den vier Jungen.

Persönlich danke ich an erster Stelle Heinrich Baßler, dem Administrativen Geschäftsführer des Wissenschaftszentrum Berlin für Sozialforschung. Die erste Studie im Jahr 2007 kam zur Unzeit, sie platzte in meinen Übergang vom Institut für Arbeitsmarkt- und Berufsforschung zum WZB. Sie nahm mir Einarbeitungszeit und wälzte viele Vorgänge auf den Schreibtisch meiner institutionellen »besseren Hälfte« ab. Für die langen Abende am Reichpietschufer, die mir nie aufgerechnet oder angelastet wurden, danke ich.

Mein großer Dank geht auch an Andreas Lebert, BRIGITTE-Chefredakteur, einen wahrlich inspirierenden Gedankenschärfer und berufenen Frauenkenner. Ohne die Möglichkeit, über meine Eindrücke aus dem Feld ständig mit ihm zu diskutieren, wäre aus dem Ganzen viel weniger geworden. Dies gilt auch für Claudia Kirsch, Norbert Rejk, Christa Thelen und Barbara Voigt. Ihr Mitdenken, ihre vielen Nachfragen und ihre kritischen Kommentare haben mich vor dem Abheben bewahrt, zurück zu den Daten geführt, Fehler vermeiden lassen.

Meine Freude gilt Doris Hess, der Bereichsleiterin Sozialforschung am infas Institut für angewandte Sozialwissenschaften in Bonn, mit der ich nach zwanzigjähriger Unterbrechung wieder eng zusammenarbeiten durfte. Sie ist heute noch erfrischender, noch zupackender, noch wissender als zu unseren gemeinsamen Max-Planck-Zeiten. Ihr Schulterklopfen und ihre Süßigkeiten sind dagegen noch die gleichen, auch haben sie ihre Wirkung nicht verloren. Vielleicht haben auch deshalb all die Interviewerinnen und Interviewer von infas die Herausforderung, beide Studien in kurzer Zeit auf die Beine zu stellen, ebenso glanzvoll gemeistert wie die Kollegen in Bonn selbst.

Meine Hochachtung und Verbeugung gilt ganz besonders den Sprachklempnern und Gedankenschleifern Paul Stoop, Leiter des Referats Information und Kommunikation des WZB, und Stephan Leibfried, Mitabteilungsleiter im Zentrum für Sozialpolitik der Universität Bremen und Sprecher des dortigen Sonderforschungsbereichs »Staatlichkeit im Wandel«. Sie haben die meisten Zeilen der ursprünglichen Berichtsbände gelesen und kommentiert. Mein großer Dank hierfür. Das Lektorat des Buches hat Jana Schrewe übernommen: sehr kompetent, sehr zuverlässig, sehr kritisch auch sie. Und mit einem großen Herz für meine vielen Auszeiten in Unzeiten.

Ohne mein tagtägliches Team aber wäre das Ganze nie zustande gekommen. Christine Puschmann hat glücklicherweise punktgenau ihr Studium an der LMU München beendet, um hier zusteigen zu können. Sie hat beide Studien von Beginn an begleitet, kennt jede Frage, auch jede Antwort. Sie hat exploriert, transkribiert, standardisiert, tabelliert, analysiert und interpretiert. Sie hat laufenden Kontakt zwischen Berlin, Bonn und Hamburg gehalten, ruhig, auch in stürmischen Zeiten. Die Studien haben ihr sehr viel zu verdanken. Dies gilt umso mehr, als sie mich, zusammen mit Miriam Godefroid und Jessica Haase, zeitgleich durch den großen Rest meines Erwerbslebens zu navigieren hatte. Nichts ist dabei schiefgegangen, vielen Dank für all das. Meine Anerkennung gilt auch Marcel Helbig, der die erste Erhebung begleitet hat. Als ostdeutscher Mann, selbst Mitglied der befragten Kohorte, brachte er mich in mindestens zweifacher Hinsicht weiter: Ich lernte, die ostdeutschen Frauen besser zu verstehen und Geschlechterstereotype besser zu fassen. Es sind diese beiden Kapitel, die er mit konzipiert und geschrieben hat. Chapeau. Die BRIGITTE-Studie 2009 wurde unterstützt von Anna auf dem Brinke, einer jungen Frau, die schon längst gesprungen ist und noch höher springen wird. Was die Daten zeigten, lebte sie uns tagtäglich vor. Beeindruckend und richtig gut.

Der Anstoß, aus den Berichtsbänden zu den Studien 2007 und 2009 schließlich doch ein Buch zu machen, kam von Rebekka Göpfert von der Agentur Graf & Graf sowie Karen Guddas, Heike Specht und Thomas Rathnow vom Pantheon Verlag. Es ist wie es ist: Ohne sie würden die Seiten nicht vorliegen. Mein Dank auch ihnen.

Jutta Allmendinger
im Herbst 2009

KAPITEL 1

In welcher Gesellschaft leben die Frauen?

Die Zukunft ist weiblich, pfeift es von den Dächern – so laut, dass man zunehmend in die Defensive gerät, wenn man abwiegelt und darauf verweist, welch hoher Anteil bei Hausarbeit und Kindererziehung nach wie vor Frauen zukommt, wie deutlich die Lohnunterschiede zwischen Frauen und Männern bei vergleichbarer Arbeit sind, wie riesig die Differenz im Nettoeinkommen ist, wie selten Frauen Führungspositionen einnehmen.[1] Wird der Fortschritt nur herbeigeredet, ist er lediglich ein »Doping für das Selbstgefühl der Frauen«, und soll er »einer Schnecke Beine machen«?[2] Oder wird er gar weggeredet, werden wir nur eingelullt mit Geschichten prämierter Weiblichkeit und diskriminierter Männlichkeit?[3]

Zunächst: Ja, wir sehen viele Zeichen für eine Geschlechterwende. Die demographische Entwicklung Deutschlands, Transformationsprozesse auf dem Arbeitsmarkt, ein mittelfristig eintretender Fachkräftemangel, die gute Bildung und Ausbildung von Frauen – all diese Faktoren sprechen deutlich dafür.

Die Bevölkerungszahl sinkt. Gleichzeitig altert die Gesellschaft. Das Zahlenverhältnis zwischen Alt und Jung wird sich rasch und stark verändern. Waren Ende 2005 noch 61 Prozent der Bevölkerung im Erwerbsalter zwischen 20 und 65 Jahren, so wird es im Jahr 2050 insgesamt nur noch die Hälfte sein. Heute sind 19 Prozent der Bevölkerung über 65 Jahre alt, bis 2050 wird dieser Anteil auf ein Drittel ansteigen. Und noch anschaulicher: Im Jahr 2050 werden 15 Prozent der Bevölkerung unter 20 und 15 Prozent über 80 Jahre alt sein. 2050, dieses Jahr scheint uns in weiter Ferne. Doch die jungen Frauen von heute sind dann noch nicht einmal 60 Jahre alt.

Erschwerend kommt hinzu, dass die deutsche Wirtschaft einen

Abb. 1: Bevölkerungsentwicklung nach Altersgruppen

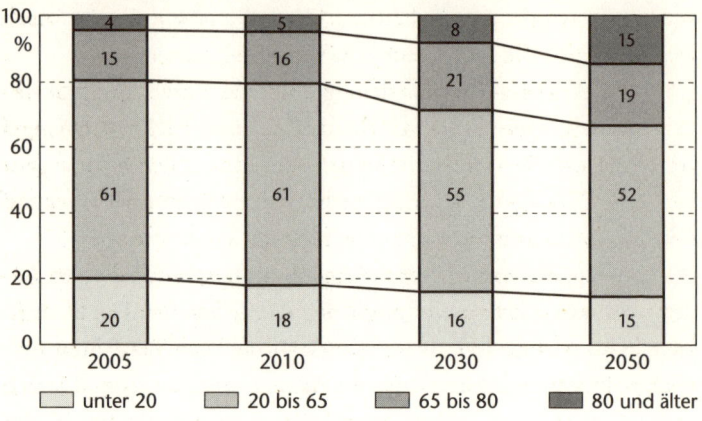

Quelle: Statistisches Bundesamt (2007): Bevölkerung Deutschlands bis 2050.
11. koordinierte Bevölkerungsvorausberechnung. Wiesbaden, eigene Berechnungen.

»doppelten Strukturwandel«[4] durchläuft. Verglichen mit dem Dienstleistungssektor wächst die Produktion im industriellen Sektor kaum. Seit Anfang der 1990er Jahre werden immer weniger Menschen in diesem Bereich beschäftigt. Dagegen expandieren die wissens- und forschungsintensiven Wirtschaftszweige im industriellen wie im Dienstleistungssektor. Beide Entwicklungen führen dazu, dass Zuwächse in der Wertschöpfung und in der Beschäftigung in Deutschland nur noch auf die wissensintensiven Branchen zurückzuführen sind. Vor allem unternehmensbezogene Dienstleistungen, also Forschung und Entwicklung, Markt- und Meinungsforschung oder IT-Beratung, gewinnen stark an Bedeutung. Damit sinken für Geringqualifizierte die Chancen, Arbeit zu finden, und der Bedarf an höher qualifiziertem Personal steigt.[5]

Doch das Angebot wird knapp. Mit dem Bevölkerungsumbruch gehen hohe Verluste im durchschnittlichen Bildungsniveau einher. In den kommenden Jahren werden sehr viele gut ausgebildete Erwerbstätige in den Ruhestand treten, ohne dass entsprechend viele Menschen nachfolgten, die eine vergleichbar hohe Qualifikation aufweisen. Man stelle sich nur vor: Selbst wenn die nachwachsenden

Generationen alle eine wesentlich bessere Bildung als die heute Aktiven hätten, würden dem Arbeitsmarkt absolut gesehen immer noch weniger gut Gebildete als heute zur Verfügung stehen.[6]

Auf diesen Dreiklang von demographischer Entwicklung, Strukturverschiebungen auf dem Arbeitsmarkt und Fachkräftemangel verweisen jene, die von Frauen als den »Gewinnerinnen von morgen« sprechen. Arbeitgeber könnten nicht mehr wählen und wären auf Frauen als Arbeitskräfte mehr denn je angewiesen. Warum?

Die vier goldenen Jahrzehnte einer Bildungspolitik, die gute Bildung für möglichst viele ermöglichen wollte, sind vorbei. Damals, zwischen 1955 und 1995, waren die Gewinne hoch: Besuchten 1955 noch 75 Prozent eines Jahrgangs die Hauptschule, so verringerte sich dieser Anteil bis 1995 auf ein Viertel. Dagegen verdoppelte sich der Anteil der Abiturienten beinahe: Gingen 1955 noch 16 Prozent aufs Gymnasium, so waren es 1995 bereits 31 Prozent. Nach 1995 kam diese Entwicklung zum Stehen. So scheint es. Schaut man jedoch genauer auf die Daten, so erzählen sie zwei ganz unterschiedliche Geschichten. Und keine berichtet von Stagnation. Zunächst die Geschichte der Frauen: In den Jahren zwischen 1990 und 2008 stieg der Frauenanteil unter den Abiturienten auf 56 Prozent. Von einer allgemeinen Bildungsstagnation kann also nicht die Rede sein. Im Gegenteil: Frauen führen die begonnene Bildungsexpansion fort. Die zweite Geschichte ist die der Männer. Auch sie erleben keine Stagnation, sie befinden sich in einer Phase der Bildungskontraktion.

Doch damit nicht genug. Auch bei den kognitiven Kompetenzen, einem weiteren Bildungsmaß, öffnet sich die Geschlechterschere. Schauen wir auf die Daten des »Programme for International Student Assessment«, kurz PISA, welches seit dem Jahr 2000 die Kompetenzen von 15-jährigen Schülerinnen und Schülern aller Schulformen in Lesen, Mathematik, Naturwissenschaften und anderen Bereichen international einheitlich ermittelt und vergleicht.[7] Und betrachten wir dort zwei Gruppen genauer: zunächst die Kompetenzarmen – das sind Jugendliche, die unterhalb der PISA-Stufe II liegen. Diese Gruppe wird vom PISA-Konsortium als »Risikogruppe«

Abb. 2: Anteil weiblicher Schulabgänger nach Art des Abschlusses 1967 bis 2008

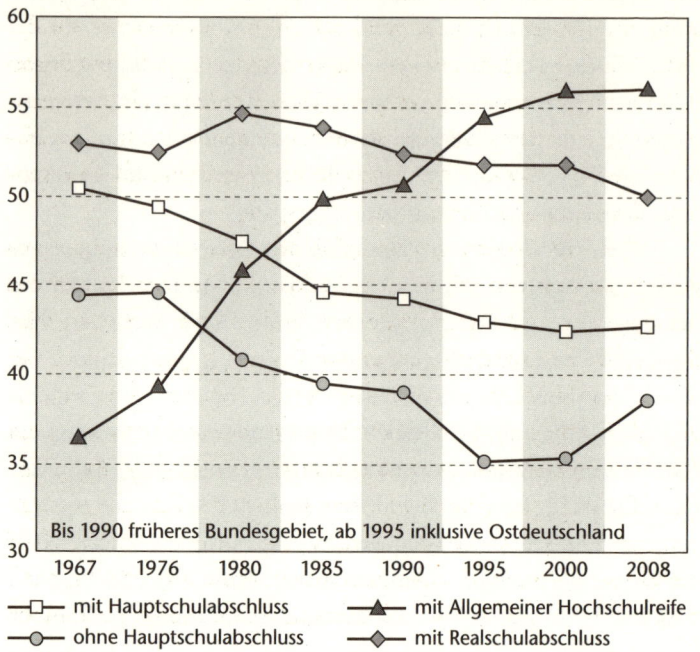

Bis 1990 früheres Bundesgebiet, ab 1995 inklusive Ostdeutschland

—□— mit Hauptschulabschluss   —▲— mit Allgemeiner Hochschulreife
—●— ohne Hauptschulabschluss   —◆— mit Realschulabschluss

Quelle: BMBF (2004): Grund- & Strukturdaten, Bonn;
Statistisches Bundesamt (2009): Fachserie 11, Reihe 1, Bildung und Kultur, Wiesbaden.

beschrieben, zum Teil als »funktionale Analphabeten«. Unter den Kompetenzarmen finden wir weniger Mädchen. Lag im Jahr 2000 der Anteil kompetenzarmer Mädchen noch bei 18 Prozent, so sank er 2006 auf 14 Prozent. Bei den Jungen sind die Anteile hingegen konstant hoch und liegen zwischen 26 und 28 Prozent. Schauen wir jetzt auf die Kompetenzreichen, also die Gruppe von Jugendlichen, die über Kompetenzen auf der PISA-Stufe V verfügen. Von den Jungen sind seit der ersten PISA-Befragung konstant etwa 7 Prozent im Olymp der Kompetenzreichen. Bei den Mädchen stieg der Anteil über die drei bisherigen PISA-Erhebungen hinweg von 11 auf 13 Prozent.

Am Rande sei erwähnt, dass beide Messgrößen, Zertifikate wie kognitive Kompetenzen, so einfach nicht zusammenfallen.[8] Es gibt Kinder mit hohen kognitiven Kompetenzen, die in der Hauptschule sind, und Kinder mit niedrigen kognitiven Kompetenzen, die das Gymnasium besuchen. Dies gilt wahrscheinlich auch für ein drittes Bildungsmaß: soziale Kompetenzen. Diese werden in einer wissensbasierten Dienstleistungsgesellschaft zunehmend wichtig. Doch bisher wissen wir über sie vergleichsweise wenig und sind auf die Ergebnisse des nationalen Bildungspanels[9] gespannt.

Lassen wir all diese gesellschaftlichen Entwicklungen auf uns wirken, so kommen wir zu dem Schluss: Die jungen Frauen von heute werden bald heftig umworben. Wollen sie erwerbstätig sein, dann sind ihre Chancen heute und in Zukunft so gut wie noch nie. Die Gründe hierfür haben nichts mit all den Debatten um Chancengleichheit, Chancengerechtigkeit und »gender mainstreaming« zu tun. Sie liegen auch nicht in einer höheren Frauen- oder Familienfreundlichkeit. Nein, die Gründe sind schlicht der Tatsache geschuldet, dass Männer Mangelware werden – gut gebildete Männer. Und die Wirtschaft muss bei fallendem Arbeitskräftepotential auf alle – wirklich alle – gut Gebildeten zurückgreifen, die sie bekommen kann.

Wenn man dies will, so bleibt viel zu tun.

Noch ist Deutschland weit entfernt von einer Chancengleichheit für Frauen und Männer. Die Frauenerwerbsquote liegt mit 66 Prozent auf einem vergleichsweise niedrigen Niveau. Bei den Männern beträgt der Wert 77 Prozent.[10] Die Differenz ist damit deutlich größer als in vielen europäischen Ländern mit einer weiblichen Erwerbsquote nahe 80 Prozent.[11] Hinzu kommt, dass hinter der Erwerbsquote von Frauen ein relativ geringes Arbeitsvolumen steht. Früher waren weniger Frauen als heute erwerbstätig, das stimmt. Aber diese Frauen arbeiteten oft Vollzeit. Jetzt sind zwar weit mehr Frauen erwerbstätig, jedoch meistens in Teilzeit. Dies gilt insbesondere für Frauen mit Kindern. Ihre Erwerbsquoten sind niedriger als jene von Frauen ohne Kinder, sie arbeiten auch weniger Stunden. Ganz anders die Männer. Sind Männer Väter, so liegen ihre Erwerbsquoten und

Abb. 3a: Durchschnittliche Alters- und Witwenrenten von Frauen 1990 bis 2007 *(alte Bundesländer)*

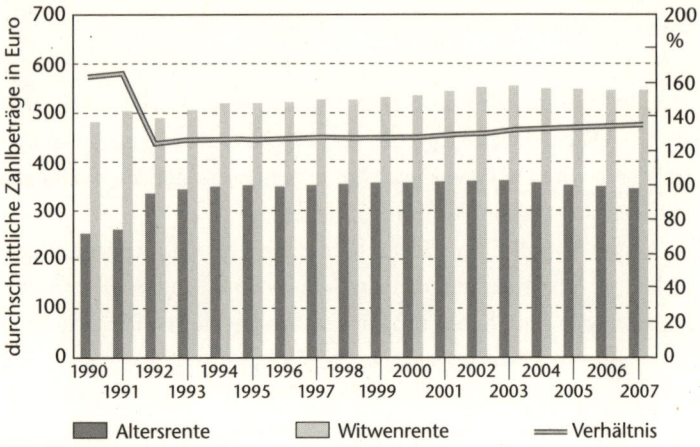

Quelle: Deutsche Rentenversicherung Bund (2008): Rentenversicherung in Zeitreihen.

ihr Arbeitsvolumen deutlich über jenen von Männern ohne Kinder. Finanziellen Notwendigkeiten ist dies nicht geschuldet, denn gerade besser verdienende Väter arbeiten besonders lange.

Eine berufliche Karriere, gepaart mit steigendem Einkommen, ist eng mit dem Faktor Arbeitszeit verknüpft. In Teilzeit lässt sich nur wenig erreichen, die Karriere stagniert, Führung in Teilzeit ist nicht erwünscht. Damit ist aber auch klar: Frauen mit Kindern finden wir in Führungspositionen kaum. Sind in Unternehmen mit über 500 Beschäftigten allemal nur 8 Prozent der Leitungspositionen von Frauen besetzt, so haben diese Frauen deutlich seltener einen Partner und meist keine Kinder – anders als Männer in vergleichbaren Positionen.

Und ein Letztes: Deutschland zahlt nicht den gleichen Lohn für vergleichbare Arbeit. Wir führen nicht einmal die Debatte. Wir stecken noch immer in Diskursen über gleichen Lohn für gleiche Arbeit, was angesichts der deutlichen Unterschiede zwischen Männern und Frauen in Ausbildungsberufen und Berufsfeldern fast beschämend ist. Und wir reduzieren die Diskussion weiter auf den Ver-

Abb. 3b: Durchschnittliche Alters- und Witwenrenten von Frauen 1992 bis 2007 *(neue Bundesländer)*

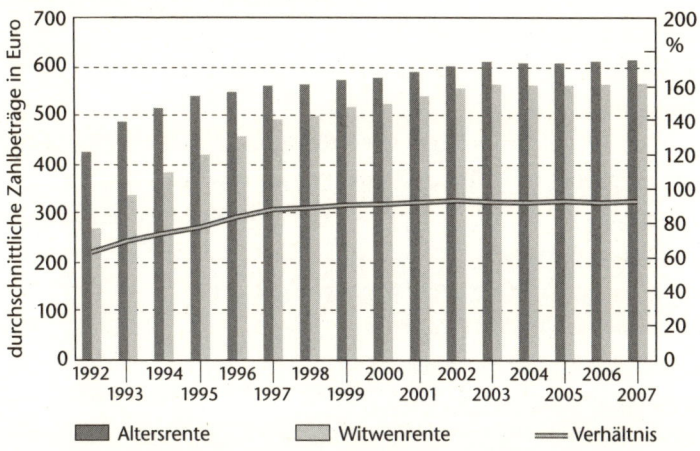

Quelle: Deutsche Rentenversicherung Bund (2008): Rentenversicherung in Zeitreihen.

gleich von Stundenlöhnen, ohne das Monatseinkommen genügend zu berücksichtigen. Denn hier klaffen die größten Lücken, führen geringere Arbeitszeiten und niedrigere Löhne von Frauen doch zu einem Monatseinkommen, welches oft nicht einmal für das tägliche Leben reicht, geschweige denn für eine ausreichende Altersrente aus eigener Erwerbstätigkeit.

Aus all diesen Gründen sind die meisten Frauen im Ruhestand weiterhin stark von der abgeleiteten Rente ihres (ehemaligen) Ehemannes abhängig. Selbst bei den Jahrgängen, die jetzt aus dem Erwerbsleben ausscheiden, liegen die Altersrenten von Frauen unter denen der abgeleiteten Renten – zumindest in Westdeutschland. Die Unterschiede sind dabei so deutlich, dass sich die Situation in der nächsten Zeit nicht wesentlich verändern wird. In Ostdeutschland hingegen liegen die eigenen Altersrenten über den abgeleiteten Renten der Ehemänner. Auch aus diesem Grund wird zu fragen sein, inwieweit sich Lebensentwürfe und Lebensverläufe von Frauen in Ost und West auch zwanzig Jahre nach dem Fall der Mauer noch unterscheiden.

Erwerbsquoten, Erwerbsvolumen und Lohnstrukturen von Frauen können sich nur verbessern, wenn wir entsprechende Rahmenbedingungen schaffen. Solange es nicht flächendeckend gute und zuverlässige Einrichtungen für die frühkindliche Erziehung von Kindern gibt, solange wir Halbtagsschulen auf Vollzeiterwerbstätigkeit prallen lassen, solange wir Arbeitsstrukturen bieten, die zu wenig flexibel sind für eine Vereinbarkeit von Beruf und Familie, solange wir keine Sicherheit geben, nach Zeiten der familienbedingten Teilzeiterwerbstätigkeit wieder Vollzeit arbeiten zu können – so lange wird sich an der gegenwärtigen Situation wenig ändern. Der Fortschritt bleibt eine Schnecke.

Es sei denn, frau verzichtet auf Kinder. Kinder bedeuten Unterbrechungen der Erwerbsarbeit, verringerte Arbeitszeit, eingeschränkte Verfügbarkeit. Eben all das, was die meisten Arbeitgeber vehement ablehnen – und wozu Mütter weit mehr als Väter bereit sind. Kinder werden als eine permanente Gefahr gesehen, zumindest in den ersten zehn Jahren des Berufslebens. Sich Arbeit mit nach Hause nehmen? Keine Frage, das ist für die meisten Pflicht. Die Kinder mit zur Arbeit bringen? Keine Frage, das geht nicht. Welten liegen zwischen diesen beiden Welten, Taktgeber möchten beide sein.

Frauen in Deutschland bekommen schon heute nur noch wenige Kinder. Die Quote ist niedrig, seit Anfang der 1990er Jahre liegt sie bei durchschnittlich etwa 1,4 Kindern pro Frau. Vergleichbar geringe Geburtenraten gibt es auf der ganzen Welt sonst nur noch in Italien und in einigen Staaten des ehemaligen Ostblocks. Viele Frauen bekommen gar keine Kinder mehr: In Westdeutschland stieg ihr Anteil von 15 Prozent Mitte der 1970er Jahre auf 26 Prozent im Jahre 2005, jeweils bezogen auf alle westdeutschen Frauen im Alter von 38 bis 39 Jahren.[12] In Ostdeutschland erhöhte sich der Anteil kinderloser Frauen in diesem Alter allein zwischen 1997 und 2005 von 8 auf 14 Prozent. Ist dies der Preis des Fortschritts?

Eine weitere Entwicklung zwingt Frauen zum Handeln. Die Scheidungsquoten sind so hoch wie nie zuvor. Wurden 1993 noch etwa 24 Prozent aller Ehen geschieden, sind es 2005 bereits über

40 Prozent. Auf abgeleitete Ansprüche von Ehemännern können Frauen immer weniger setzen, das gilt nicht erst seit der Reform des Unterhaltsrechts im Jahr 2008.

Dieser knappe Blick auf die Sozialstruktur unserer Gesellschaft zeigt, wie vorlaut und frech die Spatzen sind, wenn sie die Zukunft den Frauen versprechen. Dies gilt umso mehr, als wir bislang nur Statistiken präsentiert haben, die wenig über die Wünsche von Frauen auszusagen vermögen. Wollen Frauen überhaupt in noch höherem Maße erwerbstätig werden? Welche Lebensentwürfe haben sie im Kopf? Was ist ihnen wichtig? Wie kennzeichnen sie selbst die Gesellschaft, in der sie leben? Streben sie Macht und Einfluss an? Sind sie bereit, Verantwortung zu tragen?

Wir beantworten diese Fragen und lassen dabei jene jungen Frauen zu Wort kommen, über die so viel geschrieben wird, meist aber, ohne sie selbst zu hören. Zunächst führten wir im Jahr 2007 über eintausend Interviews mit Frauen im Alter von 17 bis 19 und 27 bis 29 Jahren und zogen zum Vergleich eine Gruppe von jungen Männern im selben Alter heran.[13] Wir wollten diese jungen Frauen genau kennen lernen und ihre Geschichte erzählen, eine Geschichte inmitten demographischer, beschäftigungs- und bildungspolitischer Umbrüche.

Was wir fanden, waren fast ausnahmslos Frauen, die den Dreiklang von Beruf, Kindern und Partnerschaften voll leben wollten, das »Und« der Vereinbarkeit über das »Entweder-Oder« von Beruf und Familie stellten. Frauen, die selbstbewusst waren, auf eigenen Beinen standen und die finanzielle Unabhängigkeit von Staat und Partnern suchten. Versorgt zu werden – das strebte fast keine von ihnen an. Dieser Befund war robust, reichte über alle Bildungsstufen und soziale Lagen, galt für Stadt und Land. Er verführte uns zu der These, dass diese Frauen so bleiben würden, auch nach der Geburt von Kindern, auch nach dem Wechsel von Partnerschaften und Jobs. Die Ergebnisse, so dachten wir, zeichneten das Bild einer neuen Generation von Frauen und spiegelten nicht die flüchtigen Illusionen unserer eigenen Jugend.

Doch schon kurze Zeit nach unserer Befragung überschlugen sich die Ereignisse. Zunächst, im Herbst 2007, verschärfte sich die Immobilienkrise in den USA immer schneller, dann, im Januar 2008, stürzte der DAX ab, mit dem höchsten nominellen Tageseinbruch seit Bestehen des Aktienindex. Im September 2008 die Insolvenz von Lehman Brothers, wenige Tage später der Einbruch des Dow Jones. Berichte über eine Insolvenz nach der anderen, sogar den Bankrott eines ganzen, für solide gehaltenen Staates, Island. Es folgte die Bekräftigung der deutschen Bundesregierung, alle privaten Geldeinlagen würden abgesichert. Danach der Beschluss über die verlängerte Zahlung des Kurzarbeitergeldes und die Verabschiedung der beiden Konjunkturprogramme. Finanzielle Bestandserklärungen änderten aber wenig am Bild eines moralischen Verfalls. Das Fernsehen zeigte täglich Bilder von verantwortungslosen Managern ohne Schuldbewusstsein. Die Verhaftung von Klaus Zumwinkel, dem einst gefeierten Manager, prägte sich ein und verdichtete das, was vom Absturz eines Peter Hartz und eines Klaus Kleinfeld noch in Erinnerung war. Der Selbstmord von Adolf Merckle bestürzte und symbolisierte den Niedergang alter Wirtschaftsdynastien.

Alle diese Entwicklungen waren zum Zeitpunkt der ersten Befragung noch nicht abzusehen. Auch nicht die Wahl Barack Obamas zum Präsidenten der USA im November 2008. Bestärkte sein »Yes, we can« gerade junge Frauen auf ihrem Weg zu eigener Erwerbsarbeit, Familie und Partnerschaft? Führte es zu einem Jetzt-erst-recht angesichts der Bedrohung durch die sich mittlerweile zuspitzende Wirtschaftskrise? Sicherlich, zunächst waren Männer viel stärker von der Krise betroffen. Mittelfristig aber haben Frauen allen Grund zur Sorge. In schlechten Zeiten war bislang immer die Randbelegschaft der Verlierer, also Personen ohne Kündigungsschutz, in prekären Arbeitsverhältnissen. Frauen gehören häufiger als Männer zu diesen Gruppen.

Wie würden diese Entwicklungen die jungen Frauen prägen? Würden sich die hippen, klugen und selbstbewussten jungen Frauen zurücknehmen, von ihrer Spur abkommen, zurücktreten und den

Männern Platz machen? Würden sie sich in die Familie zurückziehen und statt eigener Erwerbsarbeit dankend und dankbar von männlicher oder staatlicher Unterstützung leben? Nehmen sie hin oder stehen sie auf? Mobilisieren sie sich und die anderen, werden politisch aktiv?

Wir entschlossen uns, diesen Fragen nachzugehen, und sprachen 18 Monate nach unserer ersten Befragung mit über der Hälfte der Frauen und Männer ein zweites Mal. In den folgenden Kapiteln können wir nun berichten, wie sich die Lebensentwürfe und die Lebensverläufe der jungen Frauen und Männer darstellen und wie sie sich geändert haben.

KAPITEL 2

Wie leben die jungen Frauen?

Von den gesellschaftlichen Rahmenbedingungen kommen wir nun zu den Lebensverläufen der jungen Frauen, die wir 2007 und 2009 in Westdeutschland (65 Prozent) und in Ostdeutschland (35 Prozent) befragten. Wie leben die jungen Frauen? Über welche Bildung verfügen sie, in welchem Maße sind sie erwerbstätig? Wohnen sie allein oder mit einem Partner? Haben sie Kinder? Diese sozialstrukturellen Informationen sind für alle folgenden Kapitel zentral: Sie prägen die Einstellungen der Frauen und bieten wesentliche Ansatzpunkte für Unterschiede zwischen den Frauen und zwischen Frauen und Männern.

Bildung

Die meisten der von uns befragten Frauen haben einen mittleren (46 Prozent) oder hohen Schulabschluss (41 Prozent) erreicht oder streben einen Realschulabschluss oder das Abitur an. 13 Prozent der Frauen haben einen Hauptschulabschluss oder sind ohne Abschluss von der Schule gegangen. Bei den Männern liegen die entsprechenden Zahlen bei 20 Prozent für den Hauptschulabschluss, 35 Prozent für den Realschulabschluss und 44 Prozent für das Abitur.[14]

Die Veränderung in nur einer Generationsfolge ist offensichtlich: Fast die Hälfte der jungen Frauen kann auf eine höhere Bildung zurückgreifen als ihre Mütter, und fast 40 Prozent verfügen über eine höhere Bildung als ihre Väter. 43 Prozent der jungen Frauen halten das Bildungsniveau der Eltern, darunter liegen nur knapp über 10 Prozent. Die Bildungsgewinne der Männer fallen geringer aus.

Einen Bildungsaufstieg im Vergleich zu ihren Müttern verzeichnen 38 Prozent der Männer (das sind 8 Punkte weniger als bei den Frauen), Bildungsaufstiege gegenüber den Vätern erreichen 32 Prozent (6 Punkte weniger als bei den Frauen). Die meisten jungen Männer halten das Bildungsniveau ihrer Eltern. Bildungsabstiege sind bei den Männern häufiger als bei den Frauen. Gegenüber den Müttern rutschen 13 Prozent, gegenüber den Vätern 17 Prozent der jungen Männer in der Bildungsverteilung ab.

Auch bei dieser Generation ist die Chancenungleichheit im Zugang zu Bildung beträchtlich. Junge Frauen aus bildungsnahen Elternhäusern besitzen eine wesentlich bessere Aussicht, selbst das Abitur abzulegen als Frauen aus bildungsfernen Elternhäusern. So machen 81 Prozent der jungen Frauen, deren beide Elternteile das Abitur haben, ebenfalls diesen Abschluss. Verfügen beide Elternteile jedoch maximal über einen Hauptschulabschluss, so erreichen nur 20 Prozent der Töchter die Hochschulreife. Bei den jungen Männern sehen diese Werte ähnlich aus.

Was nun ist hier wichtig? Sicherlich das hohe Ausmaß der Bildungsvererbung, gepaart mit einer hohen Bildungsmobilität. An diese Mobilitätserfahrung werden wir später anknüpfen, wenn wir zu Fragen der beruflichen Mobilität im Erwerbsleben kommen, zu Erwartungen hinsichtlich der Übernahme von Macht, Einfluss und Verantwortung. Und wir müssen ganz allgemein fragen, wie hoch die Prägekraft von Bildung für andere Lebensbereiche ist, insbesondere für die Einstellungen und Verhaltensweisen der jungen Frauen und Männer.

Ausbildung und Erwerbstätigkeit

2009 befinden sich die meisten der befragten jungen Frauen in der Ausbildung (31 Prozent) oder arbeiten bereits in einem Vollzeitjob (27 Prozent). 11 Prozent sind Schülerinnen, ebenso viele leisten ein freiwilliges soziales Jahr oder sind nicht erwerbstätig. Schaut man sich zum Vergleich die Zahlen bei den jungen Männern an, so sind hier im selben Jahr jeweils etwas mehr von ihnen voll berufstätig (36 Prozent), in einer Ausbildung (35 Prozent) oder Schüler (15 Prozent). Die wenigsten der jungen Männer haben einen Teilzeitjob oder eine stundenweise Beschäftigung (jeweils 2 Prozent). Dagegen arbeiten 9 Prozent der Frauen in Teilzeit oder stundenweise (5 Prozent). Insgesamt sind 5 Prozent der Frauen gegenüber 7 Prozent der Männer arbeitslos.

Bei etwa zwei Dritteln der Männer blieb zwischen 2007 und 2009 der Ausbildungs- beziehungsweise Erwerbsstatus stabil, nur etwa ein Drittel gab hier Veränderungen an. Dem stehen 41 Prozent bei den Frauen gegenüber, die bei der erneuten Befragung im Vergleich zu 2007 von einem Wechsel im Erwerbsstatus sprechen. 13 Prozent von ihnen begannen nach Abschluss der Schule eine Ausbildung, und 9 Prozent wechselten von der Ausbildung in einen Job. 12 Prozent der Schülerinnen, Azubis, Studentinnen und Berufstätigen fanden keinen Ausbildungs- oder Arbeitsplatz, verloren diesen oder sind nicht erwerbstätig, da sie sich beispielsweise in Elternzeit befinden. Den Weg in die entgegengesetzte Richtung nahmen 7 Prozent der Frauen: Sie traten einen neuen Job an, begannen eine Ausbildung oder gingen wieder zur Schule, um einen höheren Abschluss zu erreichen.

Kommen wir zu einem weiteren wichtigen Bereich, den wir 2007 vertieft untersucht haben: die Berufswahl. Die ausgeübten Berufe können hier nur für die Gruppe der älteren Befragten dargestellt werden, die jüngeren, also die 18- bis 21-jährigen, Frauen und Männer, befinden sich überwiegend noch in der Schule oder in einer Ausbildung. Die meisten der 27- bis 29-jährigen Frauen sind als Bürokraft, etwa als Sekretärin im Rechnungswesen oder der Materialverwaltung, tätig (15 Prozent), medizinische Gesundheitsfachfrau sind 14 Prozent, als Fachfrau in Handel, Verwaltung, Finanz- und Rechtswesen arbeiten ebenfalls 14 Prozent, in einfachen Dienstleistungsberufen (Hauswirtschafterin) sind 11 Prozent und als Verkäuferin 10 Prozent beschäftigt. Verglichen mit ihrem Bildungsniveau arbeiten viele Frauen in unterwertigen Beschäftigungsverhältnissen.

Die gleichaltrigen Männer sind zu 15 Prozent als gelernte Fachkraft wie Mechaniker oder Fahrzeugschlosser tätig, 8 Prozent arbeiten als Fachkraft in Handel, Verwaltung, Finanz- und Rechtswesen, 7 Prozent sind Facharbeiter im Bau- und Ausbaugewerbe, so etwa als Dachdecker und Glaser, Hilfsarbeiter im Baugewerbe (6 Prozent), und in einfachen Dienstleistungen sind 5 Prozent von ihnen. Das Ausmaß unterwertiger Beschäftigung ist hier geringer.

Betrachtet man nun die jeweils fünf am häufigsten besetzten Berufe, fällt sofort auf, dass diese von 65 Prozent der Frauen, aber nur von 40 Prozent der Männer ausgeübt werden; in den zehn am häufigsten genannten Berufen finden sich fast 80 Prozent der Frauen und 62 Prozent der Männer. Frauen bewegen sich somit noch immer in einem vergleichsweise sehr eng abgesteckten Feld von Berufen. Diese Ballung von Frauen in wenigen Berufen geht einher mit einer niedrigen Tarifeinstufung und einer nur langsamen Gehaltsentwicklung: Je mehr Frauen in einem Beruf arbeiten, umso weniger verdienen sie.[15]

Wir sehen zudem, dass auch die Inhalte der Berufe teilweise weit auseinanderliegen: Unter den zehn von Frauen am häufigsten gewählten Berufen entsprechen nur drei den von Männern häufig gewählten. Auch diese horizontale Segregation, wie man es fachsprachlich nennt, ist mit dem Gehalt eng verbunden – und zwar zum Nachteil der Frauen.[16]

Bei Frauen beschreibt der Wunschberuf annähernd den tatsächlich ausgeübten Beruf – mit einer wesentlichen Ausnahme. Denn gerade die typisch weiblichen Tätigkeiten als Verkäuferin, Bürokraft oder Sachbearbeiterin in der EDV wollen Frauen eigentlich nicht ausüben. Stattdessen sind es Männerberufe im Gartenbau oder hochqualifizierte Berufe wie jener der Journalistin oder Lehrerin. Weiterhin ballen sich die gewünschten Berufe bei Weitem nicht so wie die ausgeübten Berufe: In den fünf am häufigsten angegebenen ausgeübten Berufen arbeiten 65 Prozent der Frauen, in den fünf am häufigsten angegebenen Wunschberufen aber nur 48 Prozent. Dieses Ergebnis zeigt gesellschaftliche Zuweisungen von Frauen in bestimmte Tätigkeiten, sei es aufgrund einer fehlenden Vereinbarkeit von Beruf und Familie oder des von Jerry Jacobs[17] so treffend beschriebenen Drehtüreneffekts: Frauen kommen in männlich besetzte Felder zwar hinein, werden aber nach kurzer Zeit wieder herausgedrängt.

Neben der Bildung der Eltern ist auch deren Erwerbsstatus zentral für die Lebensverläufe ihrer Kinder. Ost-West-Unterschiede fallen hier besonders ins Gewicht. Im Osten stehen 87 Prozent aller Mütter dem Arbeitsmarkt zur Verfügung (sind erwerbstätig oder arbeitslos), im Westen sind es nur 65 Prozent. Beeinflusst diese unterschiedliche Erfahrung der jungen Frauen und Männer mit der Erwerbstätigkeit ihrer Mütter ihre eigenen Lebensentwürfe? Wir werden diesen Faden in den folgenden Kapiteln wieder aufnehmen.

Haushaltskonstellation

Die meisten der Befragten wohnen 2009 bei ihren Eltern: 41 Prozent der Frauen und 53 Prozent der Männer. Seit 2007 sind 12 Prozent der Frauen und 8 Prozent der Männer aus ihrem Elternhaus ausgezogen. 15 Prozent der Frauen und 17 Prozent der Männer führen einen Singlehaushalt. 5 Prozent der Frauen leben allein mit ihrem Kind, bei den Männern sind es 2 Prozent.

Seit 2007 sind 9 Prozent der Frauen mit ihrem Partner zusammengezogen und 7 Prozent der Männer mit ihrer Partnerin, so dass im Jahr 2009 insgesamt 37 Prozent der Frauen und 26 Prozent der Männer in einem Zweipersonenhaushalt oder zu zweit mit Kind(ern) leben.

Das Modell der Wohngemeinschaft scheint bei den befragten Altersgruppen weniger attraktiv zu sein. Lediglich 3 Prozent der Frauen und 2 Prozent der Männer gaben diese Haushaltskonstellation an.

Eigene Kinder spielen bei den befragten Frauen und Männern oft noch keine Rolle. 73 Prozent der Frauen und sogar 83 Prozent der Männer geben an, kinderlos zu sein. Im Jahr 2007 war erst ein Fünftel (21 Prozent) der Frauen bereits Mutter. Dabei haben insbesondere jene Frauen mit einem vergleichsweise niedrigen Schulabschluss schon Kinder und meist auch mehrere. Ebenso gilt: Frauen, die in jungen Jahren Mutter werden, kommen aus Familien mit einem relativ niedrigen Bildungsstand. Zwischen ost- und westdeutschen Frauen bestehen in diesem Punkt keine Unterschiede. Insgesamt verändert sich dieses Gesamtbild innerhalb der zwei Befragungszeiträume kaum: 2009 steigt der Anteil der Mütter um 6 Prozentpunkte.

Die jungen Männer verhalten sich hier zögerlicher: 83 Prozent von ihnen sind noch ohne eigenen Nachwuchs. 2007 haben lediglich 14 Prozent bereits ein Kind, der Anteil ist damit kaum halb so hoch wie bei den Frauen und ändert sich 2009 nur unwesentlich (von 14 auf 17 Prozent). Auch bei Männern sind vor allem jene mit einem niedrigen Schulabschluss bereits Vater von einem oder mehreren Kindern; sie kommen dabei selbst aus Familien mit einem relativ niedrigen Bildungsstand. Ähnlich wie bei den Frauen wirkt sich die Bildung der Eltern auf die Bildung der Söhne aus; diese beeinflusst dann wiederum das Vorhandensein von Kindern und deren Anzahl. Vor allem der Zusammenhang zwischen bildungsarmen Vätern und einer hohen Kinderzahl bei den Söhnen ist stark ausgeprägt.

Kommen wir zu den Partnerschaften. Bei den Frauen ist der Anteil jener, die einen festen Partner gefunden haben, zwischen den Jahren 2007 und 2009 leicht gestiegen: von 60 Prozent auf 67 Prozent. Bei den Männern ist dieser Wert bei etwa 50 Prozent gleich geblieben. Bei den Eheschließungen gibt es ebenfalls nur geringfügige Veränderungen: 2007 waren 16 Prozent der jungen Frauen verheiratet, 2009 ist der Anteil 5 Prozentpunkte höher. Bei den Männern steigt die Quote in den zwei Jahren von 11 auf 15 Prozent. Unterschiede zwischen Ost- und Westdeutschland sind nicht festzustellen.

Wir halten fest: Der Bildungspolitik ist es bislang nicht gelungen, den Zugang zu Bildung unabhängig von der sozialen Herkunft zu gewährleisten. Generationenketten zeigen sich selbst bei den zwischen 1980 und 1990 Geborenen eindringlich: Wer hat, dem wird gegeben.

Gleiches gilt für die Familienpolitik. Es ist nicht geglückt, die jungen Frauen und Männer mit höherer Bildung zu ermutigen, früh eine Familie zu gründen. Die Geburt von Kindern wird aufgeschoben. Hierdurch verändert sich die Generationenabfolge in sozialspezifischer Weise. Niedriggebildete werden bereits in jungen Jahren Eltern von Kindern, die dann wiederum einen niedrigen Schulabschluss erreichen und zeitig Kinder bekommen. Der Abstand zwischen den Generationen beträgt hier oft nur zwei Jahrzehnte, bei den gut Gebildeten dagegen drei und mehr. Die Folgen einer solchen Entwicklung werden in Forschung und Politik bislang wenig diskutiert.

Die Geschlechterpolitik, so es diese gibt, muss aktiver die frühe Zuweisung von Personen zu geschlechtsspezifischen Tätigkeiten durchbrechen. Wir haben deutliche Hinweise, dass viele junge Frauen eben nicht von den typischen Frauenberufen träumen, in denen sie schließlich arbeiten. Gesellschaftliche Zuweisungen wirken noch immer massiv, die Anreize sind hoch: In typischen Frauenberufen gelingt die Vereinbarkeit von Beruf und Familie oft besser, weil es dort eher als in typischen Männerberufen möglich ist, in Teilzeit zu arbeiten. Doch die Folgen sind oft fatal: niedriges Lohnniveau mit geringer Aussicht auf Besserung. Im Laufe des Erwerbslebens für eine eigene Absicherung im Alter zu sorgen, ist dadurch nur schwer möglich. Auch die Dauer der Erwerbsunterbrechungen ist bei frauentypischen Berufen besonders lang.[18]

KAPITEL 3

»Wir können und wollen alles.«
Lebenskraft einer neuen Generation

Die jungen Frauen sind gut vorbereitet auf die Herausforderungen dieses Jahrhunderts. Und sie werden gebraucht. Der Bevölkerungsrückgang reißt Lücken in die Reihen der gut Ausgebildeten, die Veränderungen der Beschäftigungsstruktur erfordern noch mehr gut Qualifizierte als vordem, und die Bildungsverluste der Männer steigern die Nachfrage.

Und bereits der erste Blick auf die Einstellungen und Präferenzen der jungen Frauen zeigt: Beruf, Partnerschaft und Kinder sind ihnen gleichermaßen wichtig. Eine feste Beziehung steht mit 77 Prozent an erster Stelle, dicht gefolgt vom eigenen Job mit 74 Prozent und Kindern mit 68 Prozent. Keine Spur von »Null Bock«. Im Gegenteil: Die jungen Frauen wollen alles.

Es lebe das »Und«

Wie stellen sie sich dieses Mit- und Nebeneinander von Beruf und Familie vor? Wie wollen sie leben? Die Vielfalt möglicher Optionen haben wir auf eher ungewöhnliche Weise erfasst. Die Befragten erhielten von uns Blätter mit dem Aufdruck eines Hauses, einer Arbeitsstelle und einer Kindertagesstätte. Dazu gaben wir ihnen Karten, auf denen Partner, Partnerinnen, Männer, Frauen, Kinder und Senioren abgebildet sind. Wir baten sie nun, ihr persönliches Lebensmodell darzustellen, indem sie die ihnen wichtigen Kärtchen auswählen und Haus, Beruf oder Kindertagesstätte zuordnen. Das Ergebnis: Die Mehrheit der befragten Frauen (69 Prozent) hat für uns ein Bild »geklebt«, das sie erwerbstätig mit Partner oder Partnerin

Abb. 4: Gewünschte Haushaltskonstellation

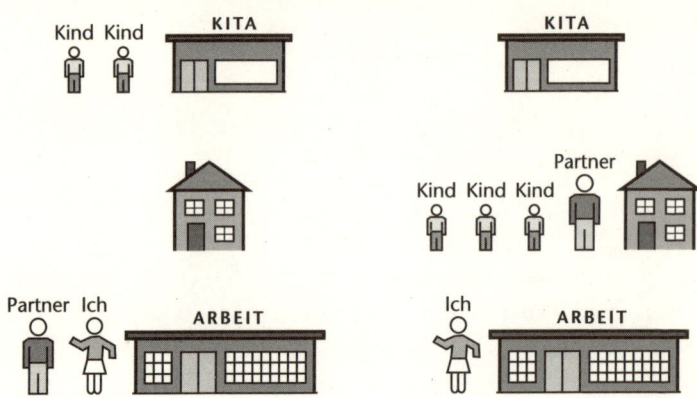

Diese Abbildung zeigt zwei der Lebensmodelle, die sich unsere Befragten wünschen. Links sehen wir ein Paar mit zwei Kindern, Frau und Partner sind erwerbstätig, beide Kinder besuchen eine außerhäusliche Erziehungseinrichtung. Das rechte Bild zeigt eine Frau, die erwerbstätig sein möchte, während ihr Mann die drei Kinder zu Hause betreut.

sowie Kindern zeigt. Weitere 13 Prozent ergänzen hier Eltern oder Schwiegereltern. Insgesamt sehen sich also 82 Prozent der Befragten als Erwerbstätige mit Kind und Partner. Dagegen stehen lediglich 9 Prozent, die nur mit Partner oder allein leben wollen. Die restlichen 9 Prozent verteilen sich auf Wohngemeinschaften und andere Konstellationen.

Wir sehen: Dieses »Und« ist ernst gemeint. Frauen wollen zügig nach der Geburt ihres Kindes wieder arbeiten gehen: 52 Prozent spätestens nach einem Jahr oder sobald ein Krippenplatz gefunden wurde, weitere 28 Prozent nach drei Jahren. Also insgesamt 90 Prozent der Frauen setzen auf das »Und«. Ein Leben mit Kindern, aber ohne Erwerbstätigkeit können sich nur sehr wenige Frauen vorstellen. Die Scheu, das Kind in einer Krippe betreuen zu lassen, scheint also weit geringer zu sein, als uns die Medien oft glauben machen.

Wir fassen zusammen: Die im europäischen Vergleich geringe Erwerbsquote von Frauen in Deutschland entspricht nicht den Wün-

Abb. 5: Familie und finanzielle Unabhängigkeit 2009: Wichtigkeit und Zufriedenheit (Frauen)

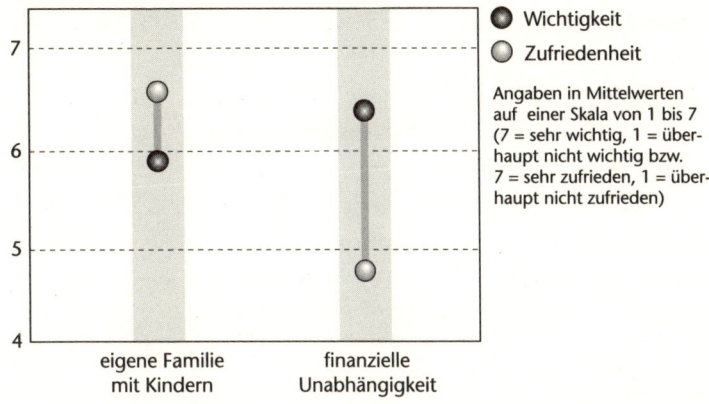

● Wichtigkeit
○ Zufriedenheit

Angaben in Mittelwerten auf einer Skala von 1 bis 7 (7 = sehr wichtig, 1 = überhaupt nicht wichtig bzw. 7 = sehr zufrieden, 1 = überhaupt nicht zufrieden)

schen und Vorstellungen der jungen Generation. Ginge es nach den Frauen, so führt ihre Erwerbstätigkeit auch nicht zu Kinderlosigkeit. Das Gegenteil ist der Fall: Erwerbsarbeit und finanzielle Unabhängigkeit sind Voraussetzungen, um sich den Kinderwunsch zu erfüllen. Unsere Daten zeigen dies eindeutig: Am wichtigsten ist Frauen ihre Unabhängigkeit. Auf einer Skala von 1 bis 7 geben sie im Schnitt einen Wert von 6,4 an. Höher geht es kaum.

100 bunte Luftballons?

Soweit unsere Bestandsaufnahme im Jahre 2007. Damals konnten wir nicht belegen, dass Frauen ihren Vorstellungen eines eigenständigen Lebens treu bleiben. Haben nicht Generationen von Frauen dieselben Träume geträumt und diese dann platzen lassen? Erzählt also die BRIGITTE-Studie nur Träume, die weit entfernt von der Realität sind? Nein, behaupteten wir damals, ohne es mit den Daten beweisen zu können. Die Argumentationsführung war einfach: Die jungen Frauen wachsen in einer anderen Welt auf als die älteren Generationen, sie sind konfrontiert mit einer hohen Scheidungsquote bei ihren

Eltern, sie kennen die nicht sehr erfolgreichen Versuche ihrer Mütter, nach langer Unterbrechung gute Jobs zu finden, sie wissen um die Frustration anderer Frauen, keine Kinder bekommen zu haben. Sie lernen daraus. Und sie werden unterstützt durch gute Bildung und eine demographische Entwicklung, die ihnen als qualifizierten Kräften neue Chancen auf dem Arbeitsmarkt eröffnen.

Dennoch zeigt die Forschung, dass sich die persönlichen Einstellungen und Lebensentwürfe durch das Älterwerden, die Gründung einer Familie und das Eintreten in den Arbeitsmarkt verändern. Diese erwartbaren Umbrüche im Lebensverlauf werden mit dem Begriff »Alterseffekt« beschrieben.

Solche Alterseffekte sind insbesondere bei Frauen glasklar belegt. Sie gehen einher mit Veränderungen, die sich durch eigene Kinder ergeben. Kinder verweisen ihre Mütter zurück auf ein Entweder-Oder, so lautet die Erkenntnis. Sie lassen berufliche Ziele vergessen. Sie führen zu einer eindeutigen Arbeitsteilung zwischen den Eltern, also zu Hausarbeit und Kindererziehung durch die Frau und steigender Erwerbstätigkeit des Mannes. Re-Traditionalisierung nennt man das.

Und wie verhalten sich unsere befragten Frauen? Sind ihre Träume wie Luftballons an der Realität zerplatzt? Ziehen sich die jungen Frauen zurück und nehmen die Lebensmodelle ihrer Mütter an? Waren die Einwände berechtigt? Was also ist seit der ersten Befragung geschehen?

»Ich weiß heute genauer, was ich will«, sagen 80 Prozent der jungen Frauen, bei den hoch Gebildeten sind es sogar etwas mehr. Auch die überwiegende Mehrheit der Männer (75 Prozent) unterstreicht diese Aussage. »Ich bringe Menschen mehr Verständnis entgegen«, fügen deutlich über 70 Prozent der Frauen und Männer hinzu und verstärken dies, indem sie betonen: »Ich bin bereit, auch etwas für andere zu tun« (67 Prozent). Man fühlt sich »gelassener« (72 Prozent), auch etwas pragmatischer, da man nun »akzeptiert, was man nicht ändern kann« (63 Prozent). Über 60 Prozent erklären sogar, sie könnten »das Leben nun besser genießen«. Von persönlicher Verunsicherung ist hier zunächst nicht viel zu spüren. Aber Achtung: Immerhin

30 Prozent der Befragten sagen deutlich: »Mein Leben ist nun schwerer zu bewältigen.« Was steckt dahinter? Die Wirtschaftskrise? Arbeitslosigkeit? Finanzielle Probleme? Oder ist es am Ende tatsächlich das Nebeneinander von Kindern, Küche und Karriere? Wir sind gespannt.

Kompromisse

Doch werfen wir zunächst einen genauen Blick auf die Entwicklung der jungen Frauen in den zwei Jahren zwischen unseren beiden Befragungen. Und betrachten wir dazu, wie sie auf die 2007 und 2009 gestellte Frage antworteten: »Auf was würden Sie für die Arbeit verzichten – auf Kinder, auf den Partner, auf Freundschaften?« Um es vorwegzunehmen: Zwischen 2007 und 2009 geht die Kompromissbereitschaft deutlich zurück. »Für meine Arbeit würde ich auf Kinder verzichten«, sagen heute 10 Prozent der Frauen, 2007 waren es noch 14 Prozent. »Für meine Arbeit würde ich meine Partnerschaft aufgeben«, erklärten 2007 noch 6 Prozent der Frauen. Hier halbiert sich der Wert auf 3 Prozent. »Für meine Arbeit würde ich auf Freundschaften verzichten«, meinte 2007 fast ein Viertel der Frauen. Im Jahr 2009 ist auch dieser Wert um die Hälfte gesunken.

Und wenn wir die Frage umdrehen und wissen wollen: »Auf was würden Sie für Ihre Partnerschaft verzichten – auf Ihre Erwerbstätigkeit, auf Kinder, auf Freundschaften?« Wie verändert sich hier das Bild? »Für meine Partnerschaft würde ich aufhören zu arbeiten«, sagen 9 Prozent der Frauen. Im Jahr 2007 waren es noch 20 Prozent, die Bereitschaft zurückzustecken hat drastisch abgenommen. »Für meine Partnerschaft würde ich auf Kinder verzichten«, erklären 8 Prozent der Frauen, auch hier hat sich der Wert halbiert. »Für meine Partnerschaft würde ich Freundschaften vernachlässigen«, meinen 11 Prozent der Frauen. Im Jahr 2007 stimmten noch 22 Prozent zu. Partnerschaften sind für Frauen sehr wichtig, zweifellos, aber sie haben ihren Platz neben anderen Lebensbereichen von vergleichbarer, wenn nicht höherer Bedeutung.

Frauen gehen aber nicht mit dem Kopf durch die Wand, sie machen Zugeständnisse, suchen gemeinsame Wege. »Für meine Partnerschaft würde ich Einkommensverluste hinnehmen«, sagen 35 Prozent der Frauen. Auf »beruflichen Aufstieg« würden 25 Prozent zugunsten der Partnerschaft verzichten. Auch in diesen beiden Bereichen hat sich seit 2007 einiges getan, die Werte sind drastisch gefallen, die Frauen richten ihr Augenmerk verstärkt auf sich selbst. Interessant ist auch der Vergleich zu den Männern: Diese sind ebenso bereit, bei Einkommen und Karriere für ihre Partnerschaft Abstriche zu machen. Das war schon 2007 so – aber auf wesentlich höherem Niveau. Und für die Familie? Einkommensverluste und Karriereblockaden, um mehr für ihre Kinder da zu sein, akzeptieren Väter nicht. Insofern sind sie weniger kompromissbereit als die Frauen.

Frauen von morgen sind nicht die Männer von heute

Ziehen wir Bilanz. Seit der letzten Befragung hat sich eine Menge im Leben der jungen Frauen und Männer ereignet. Ihre Lebensentwürfe sind dennoch erstaunlich stabil geblieben. Die Einstellungen zur Erwerbsarbeit haben sich über die Zeit nicht geändert. Frauen lassen sich heute weniger denn je auf Kompromisse ein. Sie geben sich auch keinen Illusionen hin. Wenn sie Kinder haben, geht das auf Kosten ihres Einkommens, keine Frage. Kinder kann man nicht einfach »beenden«, wie man etwa die Erwerbsarbeit beenden könnte. Kinder kann man auch nicht einfach »auf Teilzeit setzen«, dafür mangelt es in Deutschland schlicht an guten, zeitlich flexiblen Kindertagesstätten. Auch müssen Frauen die Lücken füllen, die die Männer hinterlassen. Denn je mehr sich Männer beim Broterwerb in familiärer Verantwortung fühlen, umso stärker ziehen sie sich aus der Familie zurück. Männer, so scheint es, praktizieren die »Re-Traditionalisierung«, Frauen nicht. Und so wird vor allem eines deutlich: Die Erwerbstätigkeit ist den Frauen sehr wichtig, aber sie ist eben nur *ein* wichtiger Teil ihres Lebens. Ihre Bereitschaft, zugunsten des Berufs auf ein ganzes Leben zu verzichten, ist niedriger als die der Männer. Die Frauen von morgen sind nicht die Männer von heute, und sie wollen es auch nicht sein.

Ungleiche Familienbande

Verkriechen sich nun die Frauen in einen Mikrokosmos aus Beruf, Kind und Partnerschaft? Oder haben sie Augen und Ohren für Eltern und Freunde? Welche Rolle spielen diese in ihrem Leben? Für über 90 Prozent der Frauen sind Freunde außerordentlich wichtig. Fast ebenso viele Frauen (88 Prozent) betonen die Bedeutung ihrer Eltern.[19] Und wie zeigt sich dies? Mit wem reden sie über wichtige oder vertrauliche Dinge? Auf wen können sie sich verlassen? Von wem erhalten sie das persönlich wichtige Lob? Und mit wem schließlich verbringen sie am liebsten die Freizeit?

Freunde sind in jeder Hinsicht wichtig und für alle eine stabile Größe im alltäglichen Leben. Väter spielen bei Frauen dagegen kaum eine Rolle. Weder reden Frauen mit ihrem Vater über wichtige Dinge, noch reden sie über vertrauliche oder persönliche Angelegenheiten. Ihre Freizeit will fast keine Frau mit ihm verbringen. Weniger als die Hälfte der Frauen denkt, sich auf den Vater verlassen zu können. Die wichtigste Person für Lob? Hier auf einmal nimmt der Vater eine vordere Position ein: Die Ferne scheint seinem Lob Bedeutung zu verleihen.

So sehr die Bedeutungslosigkeit der Väter irritiert, so sehr beeindruckt die große Nähe zu den Müttern. Mehr als zwei Drittel der Frauen sprechen mit ihren Müttern über vertrauliche und persönliche Dinge, ebenso viele Frauen verlassen sich fest auf sie. Mütter sind die wichtigste Person für Lob, selbst wenn Väter hier sehr nahe kommen. Frauen haben mit den Männerwelten ihrer Väter wenig, mit den Frauenwelten ihrer Mütter aber sehr viel zu tun. Dies gilt auch dann, wenn die Mütter erwerbstätig sind.

Führen wir dieses Ergebnis näher aus. Wie haben die jungen Frauen und Männer ihre eigene Erziehung durch die Eltern erlebt? Welche Unterschiede zeigen sich zwischen Frauen und Männern, deren Mütter erwerbstätig oder eben nicht erwerbstätig sind?

Die Zahlen sprechen für sich: 92 Prozent der Frauen mit erwerbstätigen Müttern fühlten sich als Kind von ihrer Mutter geliebt (85 Prozent derjenigen, deren Mütter zu Hause sind), und 91 Prozent fühlten sich beschützt (gegenüber 84 Prozent). Zudem hätten berufstätige Mütter ihren Töchtern mehr vertraut (75 Prozent gegenüber 65 Prozent) und diese mehr verwöhnt (92 Prozent gegenüber 85 Prozent). Wurde die Mutter als enttäuschend, versorgend oder streng wahrgenommen? Hier ist der Erwerbsstatus der Mutter unerheblich. Ebenso bei der Frage, ob die Kinder den Eindruck hatten, allein gelassen worden zu sein.

Weiterführende Analysen bestätigen dieses Bild. Die Mutter ist eher Vertrauensperson, wenn sie erwerbstätig ist (75 zu 68 Prozent), auch kann man sich auf sie eher verlassen (74 zu 62 Prozent). Das Lob der erwerbstätigen Mutter (61 Prozent) scheint wichtiger zu sein als das derjenigen, die zu Hause ist (45 Prozent). Ähnlich das Ergebnis bei den Männern, die Unterschiede sind hier insgesamt noch deutlicher.

So weit ein erster Blick auf die Lebensentwürfe der jungen Frauen und Männer. An vielen Stellen werden wir nun die einzelnen Panoramablätter weiter auffächern, genauer nach der Bedeutung von Beruf, Familie und Partnerschaft fragen. Kapitel 4 bietet einen breiteren und genaueren Blick auf die Erwerbstätigkeit, Kapitel 5 untersucht, warum Frauen Kinder wollen und wie sich das Leben von Frauen und Männern durch Kinder verändert. In Kapitel 6 stehen dann die Partnerschaften mit all ihren Verständnissen und Missverständnissen im Vordergrund.

KAPITEL 4

Erwerbstätigkeit: Wollen Frauen führen?

»Ich bin gut in dem, was ich mache«, sagen 99 Prozent der Frauen. »Die Arbeit macht mir Spaß«, 92 Prozent. »Ich warte nicht auf Anweisungen und sehe selbst, was zu tun ist«, sagen 91 Prozent. Die jungen Frauen haben ein enormes Selbstbewusstsein, zeigen Eigeninitiative, stehen zu ihrer Verantwortung und fühlen sich alles andere als überfordert.

Und die Arbeitgeber? »Klar wollen wir Frauen in Führungspositionen! Wir tun alles dafür, fördern die Vereinbarkeit von Beruf und Familie, bieten ein attraktives Gehalt. Nicht wir, die Frauen wollen nicht. Sie scheuen die Verantwortung, ihnen fehlt es an Mut, an der Bereitschaft, auch Macht auszuüben.« Diese Sätze des Personalchefs eines großen Unternehmens sind kein Einzelfall. Wir hören sie immer wieder. Wie ernst solche Aussagen zu bewerten sind, zeigen ähnliche Berichte von Gleichstellungsbeauftragten, die oft frustriert auf der Stelle treten, wenn sie Frauen für bestimmte Positionen ansprechen, die Frauen aber ihren Hut nicht in den Ring werfen. Von den Headhuntern der gleiche Tenor: »Wir finden schon tolle Frauen, hochkompetent, aber die Frauen, sie wollen halt nicht.«

Wie haben wir solche Aussagen zu beurteilen? Handelt es sich um einen Fall von »blaming the victim«, also das Abschieben von Verantwortung auf die Betroffenen? Oder sind Frauen wirklich nicht geschaffen für das sogenannte harte Geschäft? Verweigern sie sich einer Übernahme der Verantwortung, die mit Führungspositionen einhergeht?

Zwar sind unsere Frauen 2009 noch immer etwas zu jung, um an die Türen der Chefetagen zu klopfen. Wir kennen aber ihre Erwartungen, wissen um ihre Selbstbilder, können sehen, wie sich diese

39

über die letzten beiden Jahre verändert haben. Und wir können die Entwicklung der Frauen mit jener der Männer vergleichen: Bilden sich über die Zeit Unterschiede in den Führungsansprüchen heraus?

Sortieren wir die verschiedenen Aspekte. Zunächst geht es darum, den Begriff »Führung« breit zu fassen und zu verstehen, wo sich Frauen in unterschiedlichen Lebensbereichen positionieren – im Sport, in der Familie, in ihrem Arbeitsumfeld. Sehen sich Frauen als Anstifter oder als Mitschwimmer? Wir verengen den Führungsbegriff dann auf die berufliche Situation. Fühlen sich Frauen Führungsaufgaben gewachsen? Anschließend betrachten wir die Rahmenbedingungen genauer: Fühlen sich Frauen von ihren Arbeitgebern fair behandelt und anerkannt? Und wir stellen letztlich die für viele entscheidende Frage: Wollen Frauen überhaupt nach oben? Welche Gefahren sehen sie auf ihrem Weg?

Wir sind dabei

Natürlich wäre es am besten, wir würden junge Frauen und Männer beobachten, um Antworten auf unsere Fragen zu bekommen: Wie verhalten sie sich in einer Gruppe? Sind sie Meinungsführer, Antreiber, Bremser? Oder stehen sie eher am Rande, hören zu, erfüllen, was von ihnen erwartet wird? Leider ist so ein Vorgehen selten umsetzbar, scheitert an der Zeit, die solche Feldforschung benötigt. Wir haben uns daher auf andere Weise der Frage angenähert: Wir legten den jungen Frauen und Männern Bilder vor und baten sie, sich darauf zu platzieren. Wo sehen sie sich in einem Handballteam? Wo in einem Fischschwarm? Und warum verorten sie sich gerade an dieser Stelle im Bild?

Zunächst zum Handballteam. Auf dem Bild werden verschiedene Positionen vorgegeben: die Schiedsrichterin, die erste Angreiferin, die Verteidigerin, die zweite Angreiferin, die Torwartin und eine etwas abseitsstehende, eher unbeteiligt wirkende Spielerin. Mit

Abb. 6: Handballteam:
Welche Position entspricht Ihnen am ehesten?

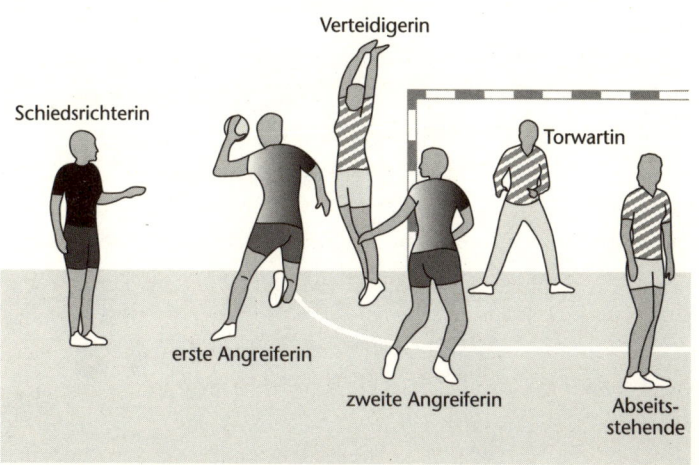

	Frauen
Schiedsrichterin	8 %
erste Angreiferin	28 %
Verteidigerin	14 %
zweite Angreiferin	32 %
Torwartin	10 %
Abseitsstehende	8 %

alle Angaben gerundete Prozente

wem vergleichen sich nun die jungen Frauen und mit wem die Männer?

Und gleich ein unerwartetes Ergebnis: Fast zwei von drei Frauen (60 Prozent) identifizieren sich mit den beiden Angreiferinnen. Die Männer wählten diese Positionen nicht etwa häufiger, sondern sogar etwas seltener (57 Prozent). Ein klares Zeichen für den Aktivitätswillen von Frauen. Etwas größere Unterschiede zeigen sich, wenn wir die Identifikation mit einer der beiden Angreiferinnen genauer betrachten. Frauen entschieden sich eher für die zweite (32 Prozent)

Abb. 7a: Fischschwarm Beruf und Ausbildung: Welche Position entspricht Ihnen am ehesten?

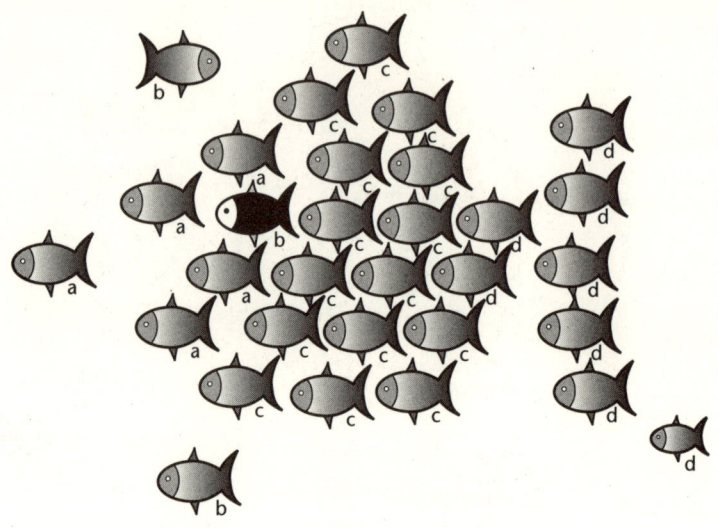

	Frauen	Männer
(a) Anführer/vorne	23%	28%
(b) besonderer Fisch	13%	15%
(c) Mittelfeld	52%	50%
(d) hinten/außerhalb	13%	8%

als für die erste Angreiferin (28 Prozent), nur bei hochgebildeten Frauen ist dieses Verhältnis ausgeglichen. Männer sehen sich dagegen deutlich häufiger als der erste Angreifer (36 Prozent) – als der, der den Ball ins Tor wirft –, seltener als der zuspielende zweite Angreifer (21 Prozent).

Man mag einwenden, dass die Positionierung im Rahmen sportlicher Aktivitäten nur begrenzt auf die Familie oder gar das Arbeitsumfeld übertragbar ist. Wir haben daher eine weitere Visualisierung vorgenommen: Wir zeigten den Befragten das Bild eines Fischschwarms und baten um die entsprechende Verortung darin. Mit welchem

Abb. 7b: Fischschwarm Familie:
Welche Position entspricht Ihnen am ehesten?

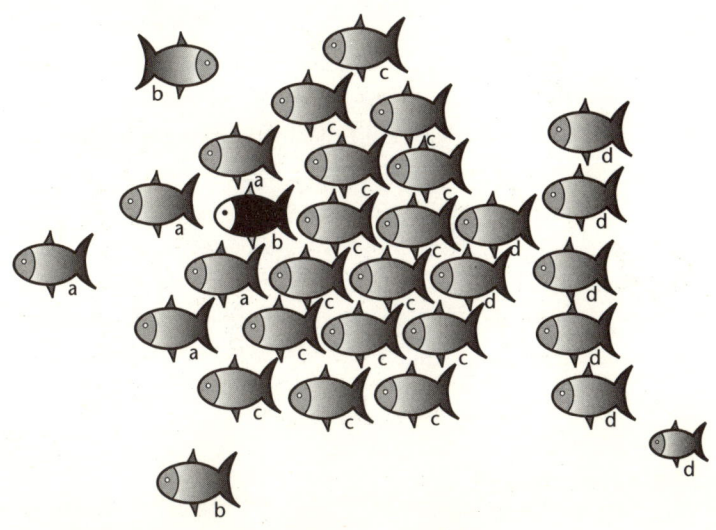

	Frauen	Männer
(a) Anführer/vorne	45 %	46 %
(b) besonderer Fisch	15 %	15 %
(c) Mittelfeld	36 %	33 %
(d) hinten/außerhalb	4 %	7 %

Fisch identifizieren sich die Frauen und Männer im Bereich Arbeit (Arbeitsfisch) und mit welchem im Bereich Familie (Familienfisch)?

Im Kontext »Arbeit« geben 2 Prozent der Frauen an, der vorderste Fisch zu sein, der klare Anführer des Schwarms. 8 Prozent sehen sich unmittelbar dahinter, als zweiter Anführer. Ähnliche Angaben erhielten wir hier von den Männern. Unterschiede treten erst in der Zuordnung zur vorderen Reihe insgesamt auf: Hier positionieren sich 13 Prozent der Frauen und 17 Prozent der Männer. Rechnet man all diese vorderen Fische zusammen als »Führungsfische«, so kommt man auf 23 Prozent bei den Frauen und 28 Prozent bei den Männern.

Bei den »Familienfischen« zeigt sich ein vergleichbares Ergebnis.

11 Prozent der Frauen und 13 Prozent der Männer sehen sich als Familienoberhaupt. 15 Prozent der Frauen und 12 Prozent der Männer in der zweiten Führungsposition. In der vorderen Reihe verorten sich 19 Prozent der Frauen und 21 Prozent der Männer. Fasst man diese Ergebnisse zusammen, so ergeben sich auch hier keine wesentlichen Geschlechterunterschiede. Diese Ergebnisse unterstützen die eingangs aufgestellte These, dass Frauen nicht davor zurückschrecken, Führung zu übernehmen.

Ob Handball oder Fischschwarm, beide Bilder beziehen sich auf das Hier und Jetzt, sie sind reine Momentaufnahmen. In der ersten Erhebung 2007 hatten wir diese zwei Fragenblöcke nicht eingesetzt und können daher die Veränderungen zwischen 2007 und 2009 nicht darstellen.

Seht, was ich kann – oder doch nicht?

Verlassen wir die abstrakte Ebene, wenden uns der Arbeitssituation der Befragten zu und beobachten hier die Entwicklungen über die Zeit. Wie schätzen Frauen und Männer ihre eigenen Fähigkeiten ein?

Frauen arbeiten gern, den allermeisten von ihnen macht die Arbeit sogar Spaß. Daran hat sich seit 2007 nichts geändert. Frauen fühlen sich ihrer Arbeit gewachsen, sie besitzen ein hohes Maß an Selbstbewusstsein, wie Zustimmungswerte von über 99 Prozent zu der Aussage »Ich bin gut in dem, was ich mache« belegen. Entsprechend müssen sie auch nicht angetrieben und angeleitet werden: »Ich mache, was zu tun ist, und warte nicht auf Anweisungen«, sagen stabile 92 Prozent.

Frauen bezeichnen sich als kommunikativ und gesprächig (91 Prozent), bei den Männern sind es 83 Prozent. Ebenso viele behaupten, sie erledigten ihre Arbeiten wirksam und effizient. Fast 80 Prozent übernehmen gern Verantwortung, ebenso viele meinen, sich gut durchsetzen und anderen Personen Ratschläge und Hilfestellungen geben zu können. Immerhin 70 Prozent geben an, andere gern von der eigenen Meinung zu überzeugen. In all diesen Werten unterscheiden sich die jungen Frauen nicht von den jungen Männern. Frauen besitzen gleichermaßen das für Führungspositionen notwendige Rüstzeug.

Die Selbsteinschätzung der eigenen Führungsfähigkeit steht nun allerdings in deutlichem Kontrast zu der Selbstsicherheit, mit welcher man führt. Beinahe zwei Drittel der Frauen (61 Prozent) machen sich oft Sorgen, 43 Prozent werden leicht nervös. Hier zeichnen die Männer von sich ein anderes Bild. Weniger als die Hälfte (47 Prozent) sorgt sich häufig, nur ein Drittel (32 Prozent) gibt an, leicht nervös zu werden. Auch beurteilen Frauen und Männer das Ausmaß ihrer Unsicherheit hinsichtlich des eigenen Verhaltens unterschiedlich. Auf die Feststellung »Ich bin selten unsicher, wie ich mich verhalten soll« antworten 58 Prozent der Frauen zustimmend, bei den Männern sind es 66 Prozent.

Es mag vielleicht eine Rolle spielen, dass Frauen Ereignisse stärker als durch äußere Umstände kontrolliert wahrnehmen, während Männer eher ihre eigenen Fähigkeiten verantwortlich machen: So wird die Aussage »Was man im Leben erreicht, ist Schicksal oder Glück« von 35 Prozent der Frauen bestätigt, bei deutlichen Unterschieden zwischen den Bildungsniveaus (niedrige Bildung 49 Prozent, hohe Bildung 25 Prozent). Bei Männern sind es im Schnitt nur 26 Prozent, die dies bejahen. Hier zeigen sich ebenfalls Bildungseffekte: 37 Prozent der niedrig gebildeten Männer stimmen zu und 18 Prozent der hochgebildeten Männer. Ähnlich die Reaktionen auf die Äußerung »Wenn ich auf Schwierigkeiten stoße, zweifele ich an meinen eigenen Fähigkeiten«. Dies bestätigen 44 Prozent der Frauen, bei den Männern sind es 26 Prozent. Bildungseffekte zeigen sich hier nicht.

Ist dieses vergleichsweise geringere Maß an Selbstsicherheit auch der Grund, warum sich Frauen in Bezug auf Wettbewerb und Konkurrenz anders als Männer verhalten? Wettbewerb und Konkurrenz spornen 55 Prozent der Frauen an, von den gut gebildeten Frauen sogar 66 Prozent. Dagegen fühlen sich im Durchschnitt 67 Prozent der Männer durch eine Wettbewerbssituation beflügelt, von den gut Gebildeten mit 76 Prozent deutlich mehr. Wir kommen auf dieses Thema am Ende dieses Kapitels zurück.

Festzuhalten bleibt schon hier, dass sich Frauen trotz ihrer Leistungen und ihrer hohen Führungskompetenz doch sehr kritisch hinterfragen und Unsicherheit empfinden, wo Selbstbewusstsein angemessen wäre. Sie haben die Voraussetzungen, sie wissen das auch – doch manchmal ist das Parkett noch zu glatt, sie schlittern, statt zu gleiten, und zögern zu lange, bevor sie handeln.

Der Rahmen muss stimmen: »Tut was!«

Spaß an der Arbeit und das Gefühl, gut zu sein, in dem was sie tun, verleiht den jungen Frauen trotz leichter Selbstzweifel eine hohe Präsenz und Dynamik. Nehmen Arbeitgeber das wahr? Kommentieren und belohnen sie? Oder nähren sie die Zweifel, fachen sie gar an? »Ich bekomme die Anerkennung, die mir meines Erachtens zusteht«, sagen nur 72 Prozent der Frauen, ein Anteil, der seit der ersten Befragung um vier Prozentpunkte gesunken ist. Männer fühlten sich damals seltener anerkannt als Frauen, heute jedoch, im Jahr 2009, liegen die Werte mit 76 Prozent höher. Dies sind kleine Veränderungen, sicher. Dennoch: Verbergen sich hier erste Anzeichen dafür, dass der Weg von Frauen doch steiniger verläuft als der von Männern? Hören hier die Jahre des Lobes über gute Leistungen auf? Beginnt ein neues Leben nach anderen Regeln? Ziehen die jungen Männer – in Schule und Ausbildung oft unterlegen – jetzt an ihnen vorbei, getragen von anderen Umgangsformen und der langen Tradition männlicher Führung? Wir können das noch nicht belegen, die weitere Entwicklung wird darüber Aufschluss geben. Doch Anerkennung ist sicherlich die notwendigste aller Rahmenbedingungen bei der Förderung – auch der von Frauen.

Einkommen kann Aufmerksamkeit und ein Lob des Arbeitgebers oder der Kollegen nicht ersetzen, ist aber eine sichtbare Form der

Anerkennung. Und hier liegt vieles im Argen. Nur 46 Prozent der Frauen finden ihr Einkommen angemessen, auch hier ein merklicher Rückgang im Vergleich zu 2007. Männer fühlen sich zu 60 Prozent adäquat entlohnt. Frustration über das eigene Einkommen ist jedoch kein guter Motor für berufliches Engagement. Insbesondere dann, wenn man sich im Vergleich zu den Kollegen schlechter bezahlt oder gar diskriminiert fühlt. Dies ist durchaus der Fall: »Die Leistung von Frauen wird anders beurteilt als die von Männern«, sagen 90 Prozent der Frauen, und 82 Prozent der Männer stimmen ihnen zu. 87 Prozent der Frauen und 78 Prozent der Männer behaupten: »Männer werden schneller befördert als Frauen.« »Frauen sind für den beruflichen Konkurrenzkampf weniger geeignet als Männer«, sind sich 23 Prozent der Frauen und 31 Prozent der Männer sicher. »Frauen wären die besseren Chefs«, sagen 72 Prozent der Frauen. Hier stimmen nur 32 Prozent der Männer zu. Die Veränderungen seit 2007 sind gering, meist sind sie Ausdruck eines wachsenden Pessimismus. Am deutlichsten wird dies bei den Angaben zu der Feststellung: »Frauen haben keine Chance, eine Führungsposition zu erreichen.« Im Jahr 2007 bestätigten dies 19 Prozent der Frauen und 11 Prozent der Männer. Im Jahre 2009 – und nunmehr zwei Jahre älter – sind es schon 27 Prozent der Frauen und 15 Prozent der Männer. Klare Spuren von Frustration: Es wird Zeit zu handeln.

Bleiben wir bei der heutigen Situation und stellen die entscheidende Frage nach der Vereinbarkeit von Beruf und Familie. Hier hören wir aus Unternehmen und Politik meist Fortschrittsberichte. Die Frauen selbst sehen das weit kritischer. Weniger als die Hälfte ist der Meinung, dass ihnen die Vereinbarkeit strukturell ermöglicht wird, auch wenn Frauen leichte, Männer deutliche Verbesserungen bemerken. Waren 2007 nur 34 Prozent der Männer mit der Vereinbarkeit zufrieden, so sind es 2009 schon 45 Prozent. Es tut sich etwas, doch es dauert zu lange und kommt für viele Frauen sicherlich zu spät. Vor diesem Hintergrund verwundert nicht, dass jede vierte Frau angibt: »Meine Erwerbsarbeit führt zu häuslichem Stress.« Die Werte stiegen dabei von 19 auf heute 24 Prozent. Bei den Männern sehen wir die gegenläufige Entwicklung, der Wert fiel von 18 auf 16 Prozent. Zieht sich hier in der Partnerschaft etwas zusammen? Entlassen Frauen ihre Partner aus häuslicher Verantwortung? Müssten sie nicht genau aufpassen? Merken sie, was sich hier zusammenbrauen könnte?

Es bleiben Fragen der Arbeitszeit. Im Mittelwert streben Frauen eine Arbeitszeit von 32,6 Stunden in der Woche an, deutlich weniger als die Männer mit durchschnittlich 36,1 Stunden. Betrachtet man nur Frauen ohne Kinder, so liegt die erwünschte Arbeitszeit bei 34,2 Stunden. Aufschlussreich wird es, wenn wir die erwünschte (!) Arbeitszeit von Männern mit Kindern anschauen. Diese liegt bei 37,5 Stunden und damit höher als bei Männern ohne Kinder. Mindestens zwei Botschaften enthalten diese Zahlen: Will man Müttern ermöglichen, in Führungspositionen aufzusteigen, muss man, müssen sie auch bei ihren Partnern ansetzen. Und Arbeitgeber müssen sich im Klaren sein, dass Kinder älter werden, die Flexibilität von Frauen nach einigen Jahren wieder zunimmt. Soll die temporär eingeschränkte Verfügbarkeit von Frauen tatsächlich die Barriere auf dem Weg in Führungspositionen sein?

Den Blick nach oben – »Frauen, springt!«

Wir haben uns auf die Spur von Frauen in Führungspositionen begeben und dabei viele Informationen zusammengetragen. In ihrer eigenen Wahrnehmung führen ebenso viele Frauen wie Männer, sei es im Rahmen der Ausbildung, im Beruf oder in der Familie. Das Bild der Handballer und das des Fischschwarms veranschaulichen dies. Auch die Führungskompetenzen sind bei Frauen nicht minder ausgeprägt als bei Männern: Frauen sorgen sich allerdings mehr und hinterfragen häufiger ihre eigene Leistung. Stärker ausgeprägt sind dagegen die empfundenen Unterschiede in der Bezahlung und in den anderen Formen von Anerkennung. Dass Frauen anders als Männer beurteilt werden, fühlen sie selbst mit erschreckender Deutlichkeit, und selbst die jungen Männer widersprechen dem nicht. Hier sind die Unternehmen herausgefordert. Sie müssen dem Mythos »Zugang zu Führung = Arbeit in Vollzeit plus« entschlossen ein Ende bereiten. Frauen mit Kindern nehmen sich zeitweise leicht zurück – wie sollte es auch sonst gehen?

Bleibt noch die Ausgangsfrage nach den beruflichen Zielen von Frauen: Können Frauen führen, wollen das aber nicht? Die BRIGITTE-Studie fragt hier schnörkellos: »Inwieweit finden Sie es erstrebenswert, ganz nach oben zu kommen?« 19 Prozent der Frauen sagen: »Sehr erstrebenswert.« Bei den Männern sind es 21 Prozent. Frauen und Männer mit Abitur geben hier identische 24 Prozent an. Auch die Mittelwerte von Frauen und Männern entsprechen sich. Es ist daher unlauter zu behaupten: »Die Frauen, die wollen ja nicht.«

Sind Frauen vorsichtiger, das heißt, wollen sie führen, schätzen aber die Konsequenzen anders ein? Wir fragten: »Der Weg nach oben kann ja positive oder negative Folgen haben. Was glauben Sie, welche hätte ein solcher Aufstieg für Sie?« Die Nennung positiver Folgen überwiegt bei Weitem. »Man trifft interessante Leute«, sagen 87 Prozent der Frauen mit mittlerer Bildung, bei Frauen mit Abitur sind es 93 Prozent. 84 Prozent der Männer schließen sich dieser Auffassung an, ohne nennenswerten Unterschied nach Bildung. »Mir würden alle Türen offen stehen«, sagen 70 Prozent der Frauen und Männer. »Ich wäre unabhängiger von der Meinung anderer«, sagen fast 60 Prozent der Frauen und etwas mehr Männer (65 Prozent).

Doch dann kommen die unerwünschten Nebenwirkungen: »Ich wüsste nicht wirklich, was andere von mir halten und wie sie wirklich zu mir stehen«, sagen die Hälfte aller Frauen und 45 Prozent der Männer. Dieser angedeutete Vertrauensverlust in Bezug auf Freunde, die Einsamkeit der Führung, schreckt Frauen. Sie schreckt auch Männer. Das allerdings machen sich Frauen vielleicht nur selten klar. Frauen müssen diese Hürde überspringen, das nimmt ihnen keiner ab. Wie flach die Hierarchie auch sein mag, Führung heißt immer ein Stück Einsamkeit. Viele Personen sind unter und wenige über einem selbst. Dadurch ist man exponiert, verlässt die Kuschelecken, gehört zu jenen, über die man spricht, über die man sich auslässt. Frauen sehen das durchaus realistisch, argumentieren – auch mangels Erfahrung – aber eher individuell (»Ich bin nicht dafür gemacht«) als strukturell (»Das ist Führung, ohne Ansehen meiner Person«). Ein naives Führungsbild leisten sich nur Frauen und Männer mit niedriger Bildung. »Alle fänden mich toll«, das sagen vor allem Hauptschulabgänger. Abiturientinnen und Abiturienten sind mit ihren etwa 30 Prozent da schon realistischer.

Heißt es nicht, dass sich Frauen für den Job nicht von ihren Familien, ihren Freunden trennen würden? Dass sie Angst haben, sich von sich selbst zu entfremden? Hiervon ist wenig zu erkennen. »Ich wäre nicht mehr ich«, sagen 25 Prozent der Frauen und Männer. »Ich würde meine alten Freunde verlieren«, befürchten 18 Prozent der Abiturientinnen und 26 Prozent der Abiturienten. Hier wird deutlich, wie fest die Frauenbande und wie fragil die Männerbande sind. »Ich würde mich in meiner Familie fremd fühlen«, sagt gerade jede zehnte Frau. Sicherlich keine hohe Barriere.

Ändern sich Einstellungen zu eigener Führung über die Zeit? »Wo sehen Sie sich in zehn Jahren? Im Vorzimmer oder im Chefsessel?«, fragten wir 2007. Gut ein Drittel der Frauen sah sich im Chefsessel, heute ist es lediglich knapp ein Drittel. Bei Frauen mit hoher Bildung zeigt sich ein kleiner Rückgang von 52 auf 49 Prozent. Niedrig Gebildete sind pessimistischer: Hier fällt der Wert von 22 auf 12 Prozent. Dies wäre alles andere als dramatisch, da es allemal vermessen wäre zu denken, dass alle Frauen führen können und ohnehin nicht genug Führungspositionen für alle zur Verfügung stehen. Nachdenklich stimmt der Vergleich zu Männern. Zwar sinkt auch hier der Gesamtwert leicht von 47 auf 44 Prozent. Doch die gut gebildeten Männer preschen nun sichtbar vor. Bei ihnen, und nur bei ihnen, steigt der Anteil innerhalb von knapp zwei Jahren von 54 Prozent auf 60 Prozent. Das Ergebnis offenbart eklatante Unterschiede: Lagen die gut gebildeten Frauen und Männer im Jahr 2007 noch gleichauf (52 zu 54 Prozent), so sehen wir heute eine Abweichung von 11 Prozentpunkten. Die jungen Frauen bleiben also auf dem Sprung, die gut gebildeten jungen Männer aber werden offensichtlich auf dem Arbeitsmarkt so gefördert, dass viele von ihnen berufliche Ambitionen entwickeln, die ihnen früher nicht eigen waren.

Und nun? Wesentliche Rahmenbedingungen müssen sich ändern, unsere Studie hat dies deutlich gezeigt. Vielleicht braucht es gerade hierzu mehr Frauen in Entscheidungspositionen. Dies kann über Quotierung erfolgen, die Frauen müssen aber auch bei sich selbst ansetzen: Zweifel an den eigenen Fähigkeiten, Nervosität und Unsicherheiten bremsen einen selbst oft mehr, als sie andere stören oder als sie Führung unmöglich machen. Mit anderen Worten: Das sind keine guten Gründe, Angebote abzulehnen. Vor allem ändert sich auf diese Weise gesellschaftlich rein gar nichts: Man führt den Status quo gerade dann fort, wenn man sich der Führung entzieht.

KAPITEL 5

Kinder: Wie steht es um die Vereinbarkeit
von Beruf und Familie?

Nicht zuletzt wegen der demographischen Entwicklung in Deutschland ist »der Kinderfrage« gerade in den letzten Jahren erhöhte politische Aufmerksamkeit zuteilgeworden. Längst sind sie überholt, die im Rückblick bemerkenswerten Worte von Konrad Adenauer, die er Ende der 1950er Jahre im Zusammenhang mit der Rentenreform äußerte: »Kinder kriegen die Leute immer.« Heute denkt man darüber nach, wie Anreize aussehen und ausgestaltet werden müssen, um Frauen und Männer dazu zu bewegen, Kinder zu bekommen. Und dabei geht es hauptsächlich um Geld. Die Logik ist einfach: Mit einem zusätzlichen Einkommen, wie etwa dem Elterngeld, will man Menschen ermuntern, eine Familie zu gründen. Dabei geht man so weit, dass man Kinder nach dem Einkommen der Eltern »bewertet«: Das Elterngeld ist hoch, wenn die Eltern viel verdienen, es ist niedrig, wenn die Eltern ein geringes Einkommen haben.

Wir wissen: Kinder sind teuer. Familien mit Kindern sind im Durchschnitt deutlich ärmer als Paare ohne Kinder. Aber ist es wirklich das Geld, das Frauen und Männer auf Nachwuchs verzichten lässt? Wir sind dieser Frage auf vielerlei Weise nachgegangen und haben stets nur ein Ergebnis gefunden: Kindern wird eine große Bedeutung beigemessen, unabhängig von ihrem »funktionalen Nutzen«, wie etwa der Mehrung von Geld. Kinder machen glücklich, sie erfüllen das Leben (70 Prozent) und geben Halt (77 Prozent). Sicherlich muss man auf Wohlstand verzichten (20 Prozent), oft hat man den Eindruck, Kinder seien heute Luxus (36 Prozent), doch gleichermaßen sagen 82 Prozent, dass Kinder mehr wert sind als Geld, und viele (43 Prozent) nervt es regelrecht, dass Geld und Kinder gegeneinander ausgespielt werden. Unserer Befragung zufolge scheint es somit nicht vorrangig das Geld zu sein, auch nicht die Scheu vor Problemen (6 Prozent) oder die Lust auf Freizeit (12 Prozent), was die Frauen von Kindern abhält.

Es ist der Konflikt zwischen der finanziellen Unabhängigkeit, die Frauen so wichtig ist, und der problematischen Vereinbarkeit von Beruf und Familie. »In Betrieben wird Rücksicht auf die Belange von Kindern genommen«, dem stimmen 2007 nur 9 Prozent der Frauen und 16 Prozent der Männer zu. Die Aussage »Beruf und Kinder lassen sich heute leicht vereinbaren« bejahen nur 16 Prozent der Frauen und 12 Prozent der Männer. Hier mit Maßnahmen anzusetzen, muss eine vorrangige Aufgabe für Politik und Arbeitgeber sein.

Doch was passiert in der Zwischenzeit? Wie gehen Frauen in ihrem Drang nach finanzieller Unabhängigkeit und Sicherheit mit der schlechten Vereinbarkeit von Beruf und Familie um? Was erleben junge Paare, die 2007 bereits kleine Kinder hatten oder in der Zwischenzeit Kinder bekommen haben? Die Einstellungen von jungen Frauen und Männern verändern sich im Laufe der Zeit durch persönliche Erfahrungen. Sie sind aber auch abhängig von den gesellschaftlichen Mustern, den Blaupausen, die eine bestimmte Kultur anbietet. Was gilt als normal? Ist die »Rabenmutter« ein Bild von gestern? Der »Rabenvater« das Bild von heute? Werden Eltern und Kinder wie Störenfriede behandelt, oder hat die Gesellschaft gerade auch in ihren Routinen Herz und Platz für sie?

Die Wiederholungsbefragung im Jahr 2009 bietet die Möglichkeit, diesen Punkten nachzugehen. Dafür teilten wir die von uns interviewten Frauen und Männer in drei Gruppen ein: Gruppe 1 setzt sich aus kinderlosen Frauen und Männern zusammen (»keine Kinder«). Gruppe 2 bilden die Mütter und Väter der Kinder, die schon vor der ersten Befragung geboren wurden, die also jetzt 2 bis 6 Jahre alt sind (»größere Kinder«). Gruppe 3 umfasst Frauen und Männer, die nach der ersten Befragung ihr erstes Kind bekommen haben (»kleine Kinder«). Die letzte Gruppe ist mit 49 Personen nicht sehr groß. Dennoch können wir durch den Vergleich zwischen 2007 und 2009 erfahren, was diese jungen Mütter und Väter umtreibt.

Deutschland bleibt kinderfeindlich – wird es dabei väterfreundlich?

Hat die Dauerkampagne für ein familiengerechtes Deutschland das Leben mit Kindern vereinfacht? Oder wurde es nach Meinung der jungen Frauen und Männer schwerer? Wir haben uns drei Bereiche näher angeschaut: die Kinderfreundlichkeit; die Vereinbarkeit von Beruf und Familie; und die gesellschaftliche Anerkennung von Vätern, die ihre Erwerbsarbeit unterbrechen und Elternzeit nehmen.

Alle drei Familiengruppen meinen, dass die Kinderfreundlichkeit in den letzten beiden Jahren großen Schaden erlitten hat. Auffallend stark sind die Eltern mit größeren Kindern frustriert: Fast ein Drittel der Mütter und über die Hälfte der Väter hat offensichtlich sehr schlechte Erfahrungen gemacht. Es gibt nur einen Lichtblick, und der kommt von jungen Vätern mit kleinen Kindern. Allem Anschein nach wird ihnen etwas mehr Sympathie entgegengebracht. Bei ihnen, und nur bei ihnen, gilt Kindern ein Willkommen.

Das ansonsten düstere Bild unterstreichen die Antworten auf die Frage nach der Vereinbarkeit von Beruf und Familie in beängstigender Weise. Ein Drittel der kinderlosen jungen Frauen und Männer meint, dass diese beiden Bereiche in den letzten Jahren noch schwerer in Einklang zu bringen waren, und die Hälfte der Mütter mit einem etwas größeren Kind stimmt dem zu – wohl aus eigenem Erleben. Die Vorstellungen Kinderloser entsprechen also in etwa den Erfahrungen, die junge Mütter und Väter auch machen. Kinderlose haben demnach keine verzerrte Weltsicht, sondern einen ziemlich realistischen Blick.

Nicht alles ist grau in grau. Die Anerkennung von Vätern, die ihr Berufsleben wegen der Elternzeit unterbrechen, ist stark gestiegen. Wer sich heute als Vater um seine kleinen Kinder kümmert, wird nicht mehr als Schwächling kritisiert; er wird geachtet und wertgeschätzt. So ist die Meinung kinderloser Frauen und Männer. Und die Väter selbst bestätigen das, genauso wie die Mütter. Dies ist ein wichtiger Modernisierungsschub, hoffentlich hält er an und wirkt kräftig.

Lebensentwürfe im Rückwärtsgang?

Vor diesem Hintergrund kehren wir zurück zur These einer Re-Traditionalisierung von Frauen und schauen uns hierzu die jungen Eltern genauer an. Bei der ersten Befragung 2007 wollten wir wissen: »Welches der folgenden Modelle entspricht Ihrer Vorstellung von Familie und Beruf am ehesten: Steht der Beruf bei Ihnen im Vordergrund? Die Familie? Streben Sie einen Ausgleich an? Haben Sie kein festes Lebensmodell?« Damals bemühte sich die überwiegende Mehrheit der Frauen und Männer um einen Ausgleich zwischen Beruf und Familie. 2009 legten wir ihnen diese Fragen erneut vor. Uns interessierte: Haben Frauen mit kleinen und größeren Kindern ihre Meinung geändert?

Kaum – und in weit geringerem Maße als Frauen, die kinderlos geblieben sind. Von den Frauen ohne Kinder äußerten sich 55 Prozent in beiden Jahren gleich. Frauen, die in der Zwischenzeit Mutter geworden sind, änderten ihre Meinung wesentlich seltener. Von ihnen antworteten 71 Prozent genauso wie vor zwei Jahren, bei den Vätern kleiner Kinder sind es sogar 77 Prozent. Auch Mütter und Väter mit größeren Kindern bleiben häufiger bei ihrer Ansicht als die Kinderlosen. Und selbst jene Frauen und Männer, die inzwischen zu einer anderen Auffassung gelangten, lassen keine eindeutigen Tendenzen erkennen. Wir sehen ebenso viele Mütter und Väter, die zuvor einen Ausgleich von Beruf und Familie anstrebten und nun eine stärkere Familienorientierung wünschen, wie wir Bewegungen in die umgekehrte Richtung feststellen. Und gerade junge Väter, die vormals auf den Beruf ausgerichtet waren, bemühen sich inzwischen um eine Balance zwischen Beruf und Familie.

Fragen wir nun nach der Bereitschaft, für Kinder auf anderes zu verzichten. Da uns hier der Vergleich zwischen 2007 und 2009 fehlt, müssen wir uns auf die Unterschiede beschränken, die zwischen den Familiengruppen bestehen. Sie sind jedoch minimal. »Für Kinder würde ich aufhören zu arbeiten«, betonen fast durchgängig 30 Prozent der Frauen. Bei den Müttern mit Kleinkindern – die meisten von ihnen in Elternzeit – ist der Wert etwas höher und spiegelt ihre gegenwärtigen Lebensumstände wider. »Für Kinder würde ich Einkommensverluste hinnehmen«, sagt fast die Hälfte der Frauen. Auch hier liegen die gerade besonders betroffenen jungen Mütter mit fast 60 Prozent weit vorn. »Für Kinder würde ich mich von meinem Partner trennen«, erklären 13 Prozent der Frauen, etwas mehr sind es bei der Aussage »Für Kinder würde ich Freundschaften vernachlässigen« (17 Prozent). Ein Vergleich der drei Gruppen bestätigt nicht, dass Frauen kompromissbereiter werden, sobald sie Kinder haben.

Allerdings zeigen sich deutliche Unterschiede zwischen Männern mit und ohne Kinder. Kinderlose Männer würden für eigenen Nachwuchs nicht aufhören zu arbeiten, und nur für sehr wenige kämen Einkommensverluste infrage. Auch bei Männern mit Kindern ist die Bereitschaft zum Verzicht außerordentlich gering. Der Gegensatz zwischen Männern und Frauen, Vätern und Müttern ist aber eklatant: 37 Prozent der Männer würden Einkommensverluste hinnehmen, 46 Prozent sind es bei den Frauen. Der Unterschied liegt bei 9 Prozentpunkten. Dagegen wären 29 Prozent der Väter kleiner Kinder zu Einkommensverlusten bereit, bei den Frauen sind es 59 Prozent – eine Abweichung von 30 Prozentpunkten. Die bekannte Geschlechter-Schere hinsichtlich Einkommen und Karriere zeigt sich auch bei der jungen Generation deutlich.

Lebensverläufe: Die Zeiten ändern sich

Über die letzten Jahrzehnte haben Frauen kontinuierlich ihre Erwerbsbeteiligung erhöht, dabei aber keine vergleichbare Entwicklung ihres Arbeitsvolumens erreichen können. Frauen sind also häufiger und kontinuierlicher als früher erwerbstätig, arbeiten aber zunehmend in Teilzeit. Selbst innerhalb der geringen Spanne von zwei Jahren wird diese Tendenz sichtbar. Mütter verkürzen ihre Elternzeit, sind also schneller wieder erwerbstätig. Sie arbeiten aber

Abb. 8a: Die Kosten von Kindern: Einkommen

Für Kinder würde ich Einkommensverluste hinnehmen

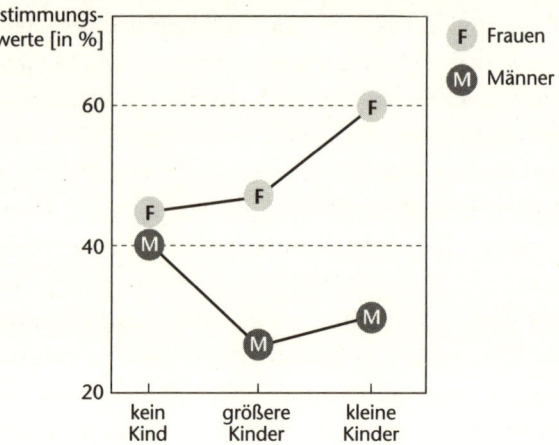

Abb. 8b: Die Kosten von Kindern: Gewünschte Arbeitszeit

Gewünschte Arbeitszeit: 31 bis 40 Stunden pro Woche

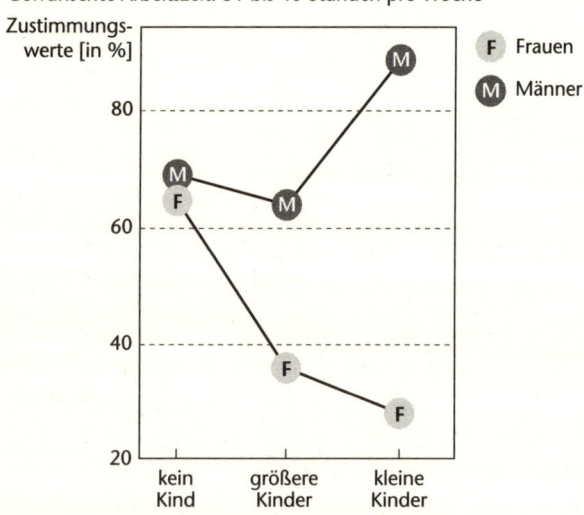

weniger Stunden als Frauen ohne Kinder, und dies umso deutlicher, je kleiner die Kinder sind.

Männer akzeptieren dagegen stärker als noch vor zwei Jahren eine Unterbrechung ihrer Erwerbstätigkeit. Nur 27 Prozent der Männer verwehren sich einer Elternzeit. Doch gleichermaßen besteht der mittlerweile bekannte, gegenläufige Trend: Männer mit Kindern wollen länger arbeiten als kinderlose Männer. Bei 88 Prozent der Väter von kleinen Kindern liegt die gewünschte Arbeitszeit zwischen 31 und 40 Stunden in der Woche, von Männern ohne Kinder streben solch lange Arbeitszeiten nur 68 Prozent an. Nicht ein Vater mit kleinem Kind möchte in Teilzeit arbeiten. Die Schere zwischen Männern ohne Kinder und Männern mit Kindern öffnet sich weit, ebenso die Schere zwischen Männern und Frauen.

Nun wird ja oft vermutet, die langen Arbeitszeiten von Vätern seien der finanziellen Not junger Familien geschuldet. Zwingend ist das nicht. Denn die gewünschten Arbeitszeiten von Vätern steigen mit dem Bildungsstand und der Höhe der zur Verfügung stehenden finanziellen Mittel. »My work is my home«, wie es die amerikanische Soziologin Arlie Hochschild formuliert, das scheint die angemessene Umschreibung für diese Einstellung.[20]

Kinder, Karriere, Krise?

»Mein Leben ist nun schwerer zu bewältigen«, so zitierten wir jene 30 Prozent der jungen Frauen und Männer, die nicht nur Gutes zu berichten wussten, als wir sie zum Verlauf der letzten beiden Jahre befragten. Wir kannten diese Gruppe noch nicht, nun ist die Antwort gefunden: Die Kinder machen den Unterschied, sie bereiten durchaus Probleme.

Unzufrieden werden Frauen dadurch nicht. Auch 2009 haben wir den jungen Frauen und Männern die Frage vorgelegt, wie zufrieden sie sich einschätzen. Eingeblendet wurde dabei die Antwort, die sie 2007 auf diese Frage gaben. Wir wollten wissen: »Wie ist es heute?

Würden Sie sich den gleichen Wert geben? Sind Sie unzufriedener, sind Sie zufriedener? Und wie zufrieden sind Sie wohl in zehn Jahren?«

Bei 16 Prozent der Frauen und 20 Prozent der Männer ist die Zufriedenheit gesunken. Doch 40 Prozent der Frauen schätzen sich heute zufriedener ein, bei den Männern sind es 34 Prozent. Dabei sind Frauen und Männer, die seit der ersten Befragung Eltern wurden, die klaren Gewinner: Fast die Hälfte der jungen Mütter (47 Prozent) berichtet über eine höhere Zufriedenheit, nur bei 9 Prozent ist sie gesunken. Etwas anders, gedämpfter, sehen Frauen und Männer die zukünftige Lage. Nur noch 29 Prozent der Männer und Frauen meinen, sie seien in zehn Jahren zufriedener als heute, der Effekt von Kindern ist dabei ganz verschwunden. Dann, nicht heute, schlagen die Sorgen und Ängste durch.

Abb. 9

© 2004 Scott Adams, Inc./Dist. by UFS, Inc.

KAPITEL 6

Partnerschaft: Frauen sind anders,
Männer auch?

Wer kennt sie nicht, die Bücher »Männer sind vom Mars, Frauen von der Venus«[21], »Warum Männer nicht zuhören und Frauen schlecht einparken«[22], »Männer sind anders. Frauen auch«[23] oder »Warum Männer saufen und Frauen zu zweit Pipi machen gehen«[24]. Sie sollen uns davon überzeugen, dass Frauen und Männer ganz und gar unterschiedlich sind.

Oft macht man es sich dabei etwas zu leicht und übersieht, wie lange Männer und Frauen sehr verschiedenen Welten zugewiesen wurden, und unterschätzt, wie zäh kulturelle Muster sind. Man vergisst vielleicht sogar, dass bis heute viele institutionelle Rahmenbedingungen bestehen, die geschlechtsspezifische Folgen haben – die kollektive Besteuerung, das Ehegattensplitting, die Systeme der abgeleiteten Sicherung wie bei der Kranken- und Rentenversicherung. Diese Institutionen und Geschlechterkulturen formen Verhalten und verfestigen Unterschiede.

Es wäre vermessen, mit den Daten der BRIGITTE-Studie in den uralten Diskurs über »nature or nurture« tiefer einzusteigen, zu fragen, inwieweit Frauen von Natur aus anders als Männer sind oder durch kulturelle und institutionelle Rahmenbedingungen »anders« gemacht werden. Wir können aber zeigen, dass ein reiner Differenzansatz nicht durchzuhalten ist. Denn Frauen und Männer erwarten von Partnerschaften Ähnliches. Oft wissen sie dies aber nicht und schreiben den Angehörigen des je anderen Geschlechts Einstellungen zu, die diese nicht vertreten.

Natürlich zeigen sich auch Unterschiede zwischen Männern und Frauen: Junge Frauen setzen mehr – und nicht weniger – auf Unabhängigkeit und Eigenständigkeit als die Männer. Und jungen

Männern ist bis heute die Versorgerrolle wichtig, auch wenn Frauen gar nicht mehr versorgt werden wollen. Demzufolge wird Geld eine unterschiedliche Bedeutung zugeschrieben: Frauen brauchen Geld, Männer wollen *mehr* Geld. Oder schauen wir auf die Partnerwahl: Frauen wählen Männer mit Zeit, Männer suchen Frauen mit ansprechendem Äußeren. Wie sehr diese Unterschiede auf kulturelle Muster zurückgehen, zeigen schließlich Stereotypisierungen, die selbst bei diesen jungen Leuten noch kraftvoll wirken. Und sie tauchen in den Aussagen jener jungen Männer auf, die klar artikulieren, wie sehr der Einsatz für die Familie einhergeht mit dem Ende ihrer Karriere.

Mit dieser Einsicht sind die jungen Frauen und Männer angekommen in einem Land, das die Vereinbarkeit von Beruf und Familie nur bedingt ermöglicht und damit den Wünschen der jungen Generation nicht entspricht. Wollen und werden sie daran etwas ändern?

Gleich und Gleich gesellt sich gern

Was Männer und Frauen von einer guten Beziehung erwarten, ist in vielen Punkten deckungsgleich. Beide Geschlechter wollen keine klare Trennung von Mein und Dein. Bei beiden steht das Wir im Vordergrund. Sie finden es extrem wichtig, in den wesentlichen Dingen einer Meinung zu sein. Sie wollen viel Zeit miteinander verbringen, zusammen etwas schaffen, gemeinsame Ziele verfolgen, mit dem Partner alt werden.

Fast alle Befragten halten ein ausgewogenes Verhältnis von Geben und Nehmen für grundlegend wichtig, sie wollen nicht gezwungen werden, Verpflichtungen einzugehen, sie wollen auch unabhängig vom Partner entscheiden können. Selbst bei der Frage, wie die Finanzen in einer Beziehung geregelt werden sollten, sind sich beide Geschlechter einig. Männer wie Frauen stimmen darin überein, dass es klare finanzielle Absprachen geben sollte, dass man in einer guten Beziehung finanziell füreinander sorgt und gemeinsam für das Alter vorsorgt.

Abb. 10: Erwartungen an eine gute Beziehung

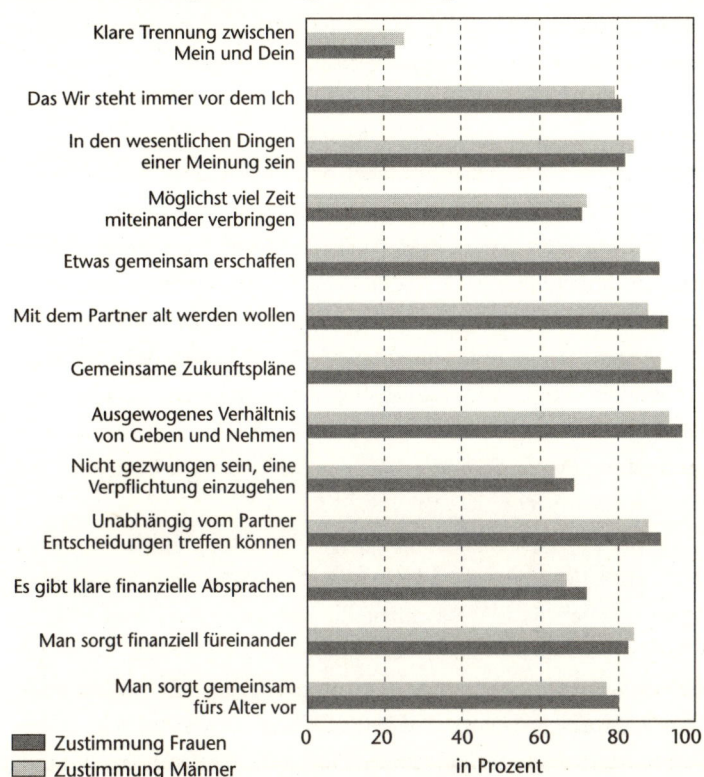

Klare Trennung zwischen
Mein und Dein

Das Wir steht immer vor dem Ich

In den wesentlichen Dingen
einer Meinung sein

Möglichst viel Zeit
miteinander verbringen

Etwas gemeinsam erschaffen

Mit dem Partner alt werden wollen

Gemeinsame Zukunftspläne

Ausgewogenes Verhältnis
von Geben und Nehmen

Nicht gezwungen sein, eine
Verpflichtung einzugehen

Unabhängig vom Partner
Entscheidungen treffen können

Es gibt klare finanzielle Absprachen

Man sorgt finanziell füreinander

Man sorgt gemeinsam
fürs Alter vor

■ Zustimmung Frauen
□ Zustimmung Männer

0   20   40   60   80   100

in Prozent

Diese Einigkeit in der generellen Einschätzung einer guten Beziehung findet sich wieder in konkreten Wünschen an einen Partner oder eine Partnerin. Beide Geschlechter erwarten, dass man eigene Interessen und eigene Freunde hat, Zeit auch ohne den Partner oder die Partnerin verbringen kann, mit den Eltern zurechtkommt und sich mit Freunden gut versteht. Zudem ist es ihnen wichtig, auch in schwierigen Zeiten zusammenzuhalten und Rückgrat zu zeigen.

Insgesamt äußern Frauen und Männer verblüffend ähnliche Vorstellungen von einer guten Partnerschaft. Dies gilt für alle Bildungsstufen; Frauen und Männer mit Abitur sind lediglich zurückhaltender in der Aussage, Merkmal einer guten Beziehung sei es, »sich ganz auf den Partner einzustellen«, und betonen stärker, dass es beiden Partnern möglich sein sollte, eigene Ziele zu verfolgen und unabhängig voneinander Entscheidungen zu treffen.

Frauen legen Wert auf eigene Zeit

Doch es gibt auch Unterschiede: Frauen unterstreichen deutlicher als Männer ihre Freiheit und Unabhängigkeit. Beziehungen sind für sie wichtig, sehr wichtig, für 58 Prozent sogar das Wichtigste im Leben. Doch dieses Miteinander beinhaltet keine Abhängigkeit voneinander: Frauen wollen ihre finanzielle Unabhängigkeit wahren, ihre Freiräume leben. Konkret zeigt sich dies auch darin, wie sie ihre Zeit, speziell ihre Freizeit, nutzen möchten. Wir haben hierzu ein kleines Szenario entworfen:

»Frau Müller ist Musikliebhaberin, und Herr Müller ist begeisterter Fußballfan. Für das kommende Wochenende hat Frau Müller unvorhergesehen die Möglichkeit, Eintrittskarten für das Abschiedskonzert ihres Lieblingssängers zu kaufen. Herr Müller hingegen könnte – ebenso unerwartet – noch Karten für das entscheidende Meisterschaftsspiel seines Fußballvereins erstehen. Die beiden Veranstaltungen finden zur gleichen Zeit statt und kosten gleich viel.

Um die Karten zu bekommen, müssen sich beide nun ganz schnell entscheiden. Sie können sich aber nicht mit ihrem Partner absprechen. Frau Müller mag allerdings Fußball nicht besonders und Herr Müller keine Konzerte.«

Die Befragten wurden gebeten, sich in die Lage von Frau Müller und Herrn Müller zu versetzen und zwischen folgenden Antworten zu wählen: (1) Ich kaufe nur eine Karte, denn mein Partner kommt sicher nicht mit. (2) Ich kaufe zwei Karten, denn ich möchte meinen Partner mitnehmen. (3) Ich kaufe keine Karte, denn ich möchte lieber etwas mit meinem Partner machen. (4) Ich kaufe zwei Karten und nehme eine andere Person mit.

Und nun? Gehen die Frauen und Männer allein? Gehen sie mit

ihrem Partner, wohl wissend, dass dieser kein Interesse an der Veranstaltung hat? Lehnen sie ab und lassen die Gelegenheit ungenutzt? Oder versetzen sie ihren Partner und freuen sich auf einen Abend gemeinsam mit einer Freundin oder einem Freund?

Mehr als die Hälfte aller Frauen, bei den gut Gebildeten sogar 60 Prozent, kauft in der Tat zwei Karten – und besucht zusammen mit der Freundin das Konzert. Weitere 20 Prozent der Frauen nehmen auch zwei Karten und überreden ihren Partner. Nur 20 Prozent lassen die Gelegenheit verstreichen, 9 Prozent gehen allein.

Männer entscheiden anders. Die meisten kaufen keine Karte (36 Prozent), 18 Prozent holen nur eine Karte und gehen allein, ebenso viele besorgen zwei Karten: für sich und für die Partnerin. Mit einer anderen Person verbringen nur 27 Prozent der Männer ihren Abend.

Vor die Entscheidung gestellt, einen Abend mit oder ohne den Partner zu verleben, votieren also 45 Prozent der Männer für einen Abend ohne Partnerin. Bei den Frauen sind es 61 Prozent. Frauen entpflichten sich, führen zunehmend ihr eigenes Leben.

Männer schätzen die Versorgerrolle

Die jahrhundertealte Tradition des männlichen Ernährermodells lebt. Viel häufiger als Frauen das wollen, übernehmen Männer die Verantwortung für die Existenzsicherung der Familie – »sehen sich in der Verantwortung«, wie sie das typischerweise ausdrücken. Bei 20 Prozent der Männer ist das so. Dazu werden sie nicht gedrängt. Nur 7 Prozent der Frauen weisen dem Partner die Rolle des Ernährers zu. Die überwiegende Mehrheit der Frauen erachtet die Versorgung als gemeinsame Pflicht, dies gilt auch, wenn sie gemeinsam mit Kindern leben.

Männer denken traditioneller als Frauen. Entsprechend laden sie auch Geld mit Bedeutung auf, weisen ihm eine hohe symbolische Kraft zu. Geld ist für sie ein Zeichen der Macht. Auf die Frage »Ich würde gerne mehr verdienen als meine Partnerin« antworten 56 Prozent mit einem klaren Ja. So überaus wichtig Frauen ihre finanzielle Selbständigkeit ist – mehr zu verdienen als der Mann bedeutet ihnen vergleichsweise wenig. Nur niedrig gebildete Frauen sehen in Geld einen symbolischen Nutzen, 32 Prozent von ihnen würden gern mehr als ihr Mann verdienen. Bei den hoch Gebildeten stimmen nur 21 Prozent zu, das sind immerhin 30 Prozentpunkte Unterschied zu den gut gebildeten Männern.

Wir wissen, dass diese Ergebnisse gemeinhin ganz anders gedeutet werden: als wollten Frauen eine bedeutsame, aber nicht die entscheidende Rolle spielen. Als flüchteten sie vor der Verantwortung. Wir teilen diese Interpretation nicht. Geld ist Frauen nur in der absoluten Höhe wichtig. Sie brauchen Geld, um unabhängig zu sein. Die relative Position, ein schlichtes *Mehr* als Männer, ist für sie uninteressant.

Frauen legen an sich selbst eher absolute Maßstäbe an, keine relativen. So sind Frauen auch sehr viel stärker an Verantwortung als solcher und nicht an Macht interessiert. Warum? Verantwortung ist absolut gedacht. Sie ist ein teilbares Gut, viele können sie haben, man trägt Verantwortung nicht auf Kosten anderer. Macht dagegen ist ein relativer Begriff. Man hat Macht, weil andere sie abgegeben haben. Einer steht gegen alle, einer verfügt über alle.

Wann immer Frauen sich einordnen und ihre Position definieren müssen – bei einem Handballspiel, innerhalb von Arbeits- oder Familiengruppen –, nutzen sie die gleichen absoluten Begrifflichkeiten. Ihre Führung erklären sie mit den Worten »ich stehe bei meiner Arbeit an der Spitze, weil ich gut ausgebildet bin«, »weil ich gut bin, in dem was ich tue«, »weil ich weiß, was ich will«. Die Familie führen sie, »weil ich alles organisiere und regele«, »weil ich Familienmanagerin bin«, »weil ich alles im Kopf habe«.

Die Männer sprechen eine andere Sprache oder begründen ihre Position erst gar nicht. Sie stehen an der Spitze, »weil das halt so ist«, auch mit »keine Ahnung« antworten sie relativ häufig. Im Bereich der Arbeit rechtfertigen sie ihre Führung oft mit »weil ich besser als andere bin«, »weil ich der interessantere Typ bin«. Sie beschreiben sich meistens im Vergleich zu anderen. In puncto Familie argumentieren sie mit »weil ich der Vater und der Bestimmer sein will«, »weil ich Häuptling der Familie bin«, »weil ich der Wichtigste bin«, »weil ich das Sagen habe«, »weil ich bestimme, wo es hingeht«. Diese Aussagen orientieren sich an Macht, sie zeugen von Dominanz. Sie führen ein Rollenverständnis fort, das doch vielen längst als überholt gilt.

Mann braucht Zeit, Frau das Aussehen – oder?

Um eine Familie zu gründen, ist es für 74 Prozent der Frauen und 79 Prozent der Männer entscheidend, »den richtigen Partner gefunden zu haben«. Eine vergleichbar hohe Bedeutung wird dem Einkommen beigemessen: »Ein gesichertes Einkommen zu haben«, ist für 73 Prozent der Frauen und 77 Prozent der Männer zentral. Und wie sieht es mit Kindern aus? 56 Prozent der Frauen warten hierfür auf den »richtigen Vater« und 49 Prozent der Männer auf die »richtige Mutter«. Der »ideale« Partner spielt also eine wichtige, aber eine vergleichbar untergeordnete Rolle.

Aufschlussreich ist hier der Rückblick auf das Jahr 2007. Der »richtige Mann« war damals noch wichtiger (82 Prozent), ebenso der »richtige Vater« (66 Prozent). Über die Zeit entkoppelt sich bei den Frauen die Entscheidung für Kinder von dem Vorhandensein des richtigen Vaters und Mannes. Trauen sich die jungen Frauen heute, da sie fast zwei Jahre älter sind, mehr zu? Ändern sie ihre Prioritäten? Muss es zwischenzeitlich ein Kind sein, zur Not auch ohne Vater? Wurde der richtige Mann zu einem »Kann«, zu einer »Option«?

Und überhaupt: Was ist der »richtige Mann«? Welche Eigenschaften soll er haben? Von 100 Frauen wünschen sich 37 einen Mann »mit Zeit für die Familie«. Für 31 Frauen zählt ein Mann mit Bildung, 21 Frauen setzen das Aussehen an die erste Stelle. Das Einkommen des Mannes steht für 11 Frauen im Mittelpunkt. Diese Wunschliste ist konsequent. Für Kinder brauchen Frauen Zeit, die sie als Berufstätige oft nicht in ausreichendem Umfang haben. Außerdem sind sie angewiesen auf Flexibilität und Verlässlichkeit, beides kann man sich nicht kaufen. Zeit ist für Frauen das wertvollste Gut. Es ist ein Gut, von dem sie zu wenig besitzen und das sie auch nicht erwirtschaften können. Bildung und Einkommen schon. Hier bestätigt sich erneut, wie fremd den Frauen inzwischen die traditionellen Familienmodelle geworden sind. Früher ließ sich Geld gut in Zeit umwandeln. Hatte der Mann Geld, hatte die Frau Zeit für Haushalt und Kinder. Heute funktioniert dieses Tauschgeschäft nicht mehr: Mit Geld kann man sich in Partnerschaften keine Zeit mehr kaufen.

Männer sind auch hier traditioneller. Sie suchen sich nach wie vor ihre Partnerin nach dem Aussehen aus, dies ist für sie die wichtigste »Eigenschaft« (41 Prozent). Erst dann fallen Kriterien wie »Zeit für die Familie« (29 Prozent), Bildung (26 Prozent) und Einkommen (4 Prozent) ins Gewicht. Offensichtlich nehmen Männer die Zeit für sich und die Familie noch ganz selbstverständlich als vorhanden an – bei den Frauen.

Die Macht der Stereotype

Stereotypisierungen bremsen den Fortschritt. Die Zuschreibung von Eigenschaften, über die die entsprechenden Personen so nicht verfügen, oder von Einstellungen, die so nicht geteilt werden, entfalten große Wirkung. Konkret: Wenn Männer nicht glauben, dass Frauen führen können und führen wollen, so werden sie Frauen keine Führungspositionen übertragen. Wenn Personalverantwortliche davon überzeugt sind, dass sich Beruf und Familie nicht vereinbaren lassen, so werden sie nicht für die nötigen Rahmenbedingungen sorgen.

Stereotype halten sich lange, sie sind zäh, kulturell tief verwurzelt. In der BRIGITTE-Studie blitzen sie fortwährend auf. Nehmen wir nur die Frage: »Inwieweit wollen Frauen auf eigenen Beinen stehen?« Bei den Frauen stimmen 90 Prozent für ein möglichst selbstbestimmtes Leben, bei den Männern denken nur 65 Prozent, dass dies für Frauen wichtig sein könnte. Junge Männer unterschätzen also den Wunsch nach Autonomie ihrer Altersgenossinnen, und sie überschätzen deren Wunsch nach gutem Aussehen, Kindern und Heirat. Sie stecken noch in alten Rollenvorstellungen fest und haben nicht verstanden, dass sich das Bild der jungen Frauen über sich selbst gewandelt hat.

Allerdings wäre es falsch, solche Stereotypisierungen nur bei den Männern zu suchen. Auch Frauen stecken fest in ihren alten Klischees: Für Männer stehen Geld und Karriere an oberster Stelle, sind Frauen fest überzeugt. Männer halten sich dagegen für wesentlich weniger karriere- und geldbesessen. Und auch im Privaten stimmen Fremd- und Selbstwahrnehmung nicht überein. In den Augen der Frauen wollen Männer vor allem guten Sex, sie sind kinderfeindlich und Gegner der Ehe. Männer sehen das anders.

Noch deutlicher werden Stereotypisierungen, wenn man direkt wissen will: Was halten Sie für typisch weiblich und was für typisch männlich? Wir haben eine Reihe von Eigenschaften abgefragt und greifen hier nur wenige Beispiele heraus.

Zunächst zum »typisch Weiblichen«. Frauen bezeichnen als typisch weiblich: Konflikte lösen, sich auf eine Sache konzentrieren können, zu seinen Fehlern stehen, zu seiner Meinung stehen. Männer sind hier wesentlich zurückhaltender. »Konflikte lösen«, sagen 82 Prozent der Frauen über sich selbst, doch nur 64 Prozent der Männer über Frauen. »Zu seinen Fehlern stehen«, halten 69 Prozent der Frauen für »weiblich«, doch nur 46 Prozent der Männer. Auch Merkmale, die von Frauen zwar weniger häufig als typisch weiblich dargestellt werden, etwa »sich Respekt verschaffen« und »etwas riskieren können«, sprechen ihnen Männer noch deutlicher ab. »Sich Respekt verschaffen«, sehen 44 Prozent der Frauen, doch nur 28 Prozent der Männer als typisch weiblich an. »Etwas riskieren können«, finden 32 Prozent der Frauen, doch nur 22 Prozent der Männer typisch weiblich.

Abb. 11a: Was ist wichtig für junge Frauen?

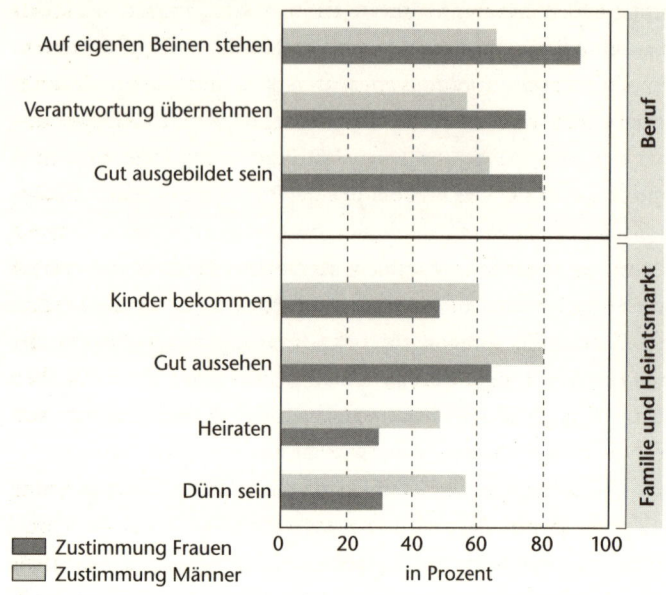

Abb. 11b: Was ist wichtig für junge Männer?

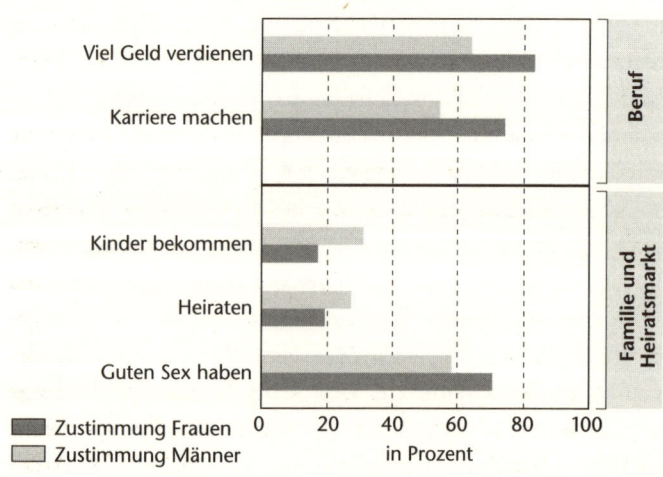

Was aber ist »typisch männlich«? »Freundschaften haben«, das beurteilen 76 Prozent der Männer als männlich, ebenso »zu seiner Meinung stehen« (74 Prozent) und »nicht über Gefühle reden« (67 Prozent). Frauen sehen das etwas anders. Sie betrachten »Freundschaften haben« und »seine Meinung sagen« als weitaus weniger ausgeprägte männliche Eigenschaft. Und über 80 Prozent von ihnen sprechen es Männern ab, »über die eigenen Gefühle reden zu können«. Dagegen trauen es die Frauen den Männern eher zu, eigene Entscheidungen treffen zu können, als die Männer das selbst tun (68 zu 57 Prozent). Am deutlichsten unterscheidet sie jedoch eine andere Zuschreibung: »Zu seinen Fehlern zu stehen«, geben 43 Prozent der Männer als eine typische männliche Eigenschaft an. Frauen haben hier ein gänzlich anderes, klar negatives Bild: Nur 17 Prozent von ihnen halten dies für eine männliche Eigenschaft.

Und so sehen wir auch hier: Es gibt kaum eine Verständigung darüber, was heute als typisch (un-)männlich und als typisch (un-)weiblich gilt. Für Männer sind teilweise völlig andere Merkmale »männlich« als für Frauen, und Frauen halten andere Merkmale für »weiblich« als die Männer. Diese Stereotypisierungen und deren Ausprägung entsprechen nicht der Selbsteinschätzung von Frauen und Männern. Wie eingangs gezeigt wurde, liegen deren persönliche Werte, Ziele, Wünsche und Hoffnungen sehr nahe beieinander, sie werden dann jedoch stereotypisierend stark überhöht und auseinandergebracht.

Sicherlich spielt die Herkunftsfamilie, spielen die Eltern eine maßgebliche Rolle. Die Elterngeneration unserer Befragten wurde zwischen 1945 und 1965 geboren, und viele von ihnen lebten ihren Kindern ein Leben mit traditionellen Rollenverteilungen vor. Ebenso tragen Netzwerke in Schule und Ausbildung zu verzerrten gegenseitigen Wahrnehmungen bei. Ausbildungsberufe sind geschlechtsspezifisch geprägt, die Statusverteilung unserer Gesellschaft zeigt nach wie vor klare Vorteile für Männer. Nur wenige Frauen sind in leitenden Positionen. Und schließlich transportieren die Medien noch immer typische Frauen- und Männerbilder. Daran ändern auch Moderatorinnen wie Anne Will, Sandra Maischberger und Maybrit Illner wenig. Sie werden in der traditionell weiblichen Rolle der Vermittlerin gezeigt, nicht in jener der Expertin. Insofern gilt die Hoffnung zu Recht hohen politischen Ämtern. In der Politik wurden in vielen Parteien Frauenquoten eingeführt, in der Wirtschaft und Wissenschaft ist das eher selten. Auch Frauen müssen ihre Haltung hierzu überdenken: »Quotenfrau« heißt nicht »schlechte Frau«.

Auf der Suche nach neuen Rollenbildern

Die vielen Gespräche mit jungen Frauen und ihre Antworten in den beiden Befragungen ergaben ein sehr klares Bild. Unabhängigkeit ist ihnen wichtig und die Voraussetzung für alles, was sie anstreben: Partnerschaft, Kinder, Erwerbsarbeit. Ihre Kritik ist deutlich und nachvollziehbar: Es fehlen gesellschaftliche Rahmenbedingungen, damit sie ihre Lebensentwürfe umsetzen können.

Die Männer dagegen blieben uns lange ein Rätsel. Sie changieren zwischen traditionellen und modernen Einstellungen. Immer wieder betonen sie, wie sehr sie sich Kinder wünschen, die Elternzeiten nutzen, die gemeinsame Erziehung anstreben. Und immer wieder beharren sie auf ihrer Versorgerrolle, auf langen Arbeitszeiten, auf klarer Rollenverteilung. Vieles passt nicht zusammen. Es scheint, als fehlten ihnen Rollenbilder.

Dem sind wir nachgegangen: Wir haben dabei nach Fragen gesucht, die möglichst keine sozial erwünschten Antworten begünstigen. Schließlich entschlossen wir uns für ein eher ungewöhnliches Vorgehen und arbeiteten mit Fotografien, die unterschiedliche Männerbilder zeigten: den Karrieremann in Anzug und Krawatte, den Vater mit kleinem Kind auf dem Arm, den verträumten Sänger, den gut aussehenden »Sonnyboy«. Die Männer wurden zunächst gebeten, das Bild jenes Mannes zu wählen, von dem sie denken: »So wäre ich später gern einmal.« Danach sollten sie den Männertyp bestimmen, der die Zukunft unseres Landes am meisten prägen *wird*. Abschließend wurde eine normative Frage gestellt: Welcher Männertyp *sollte* ihrer Meinung nach die Zukunft unserer Gesellschaft prägen?

Bei der Aussage »So wäre ich gern einmal« entschieden sich die meisten (60 Prozent) für zwei klar konnotierte Bilder: den »Karrieremann« und den »Vater«. Von diesen wählen die Hälfte den Vater, die andere Hälfte den Karrieremann. Von den Abiturienten sehen sich 38 Prozent in der Vaterrolle, 62 Prozent als Karrieremann.

Auf die Frage »Wer *wird* die Gesellschaft prägen«, wählen nur 18 Prozent den Vater, 82 Prozent dagegen den Karrieremann. Es zeigen sich keine Unterschiede hinsichtlich des Bildungsniveaus. Männer unterliegen starken gesellschaftlichen Normen, sie sind festgelegt auf einen einzigen Männertyp: Ein Mann macht Karriere. Eine Alternativrolle stellt ihnen die Gesellschaft offensichtlich nicht zur Verfügung.

Wer aber *sollte* nun, nach Ansicht der Männer, die Gesellschaft prägen? Hier überraschen uns die jungen Männer. 57 Prozent plädieren für den Vater, 43 Prozent für den Karrieremann. Auch hier sind Bildungseffekte gering. Abiturienten geben eher als Hauptschüler den Vater an (57 zu 51 Prozent), Hauptschüler wählen eher als Abiturienten den Karrieremann (50 zu 43 Prozent). Dies aber zeigt: In den Köpfen der Männer gibt es durchaus Alternativen. Sie wünschen sich, dass der Mann auch in der Rolle des Vaters gesellschaftlich akzeptiert wird und so das Land prägt. Diese Vision jedoch hat in den Augen der Männer keine Chance: Die Unterschiede zwischen dem Männertyp, der die Gesellschaft prägen *wird*, und jenem, der die Gesellschaft prägen *sollte*, sind riesig.

Wir müssen und wir können umdenken, Stigmatisierungen abbauen. Immerhin haben wir es geschafft, uns an Männer mit Kinderwagen zu gewöhnen, an Männer, die Elternzeit nehmen. Das waren wichtige, aber nur die ersten Schritte. Vereinbarkeit von Beruf und Familie ist keine Frauensache – auch Frauen müssen das ernst nehmen.

KAPITEL 7

Zwanzig Jahre nach dem Fall der Mauer: Deutschland, einig Vaterland?

»Deutschland, einig Vaterland«: Das ist jetzt zwanzig Jahre her. Zwei Jahrzehnte leben wir nicht mehr in unterschiedlichen Systemen, werden von den gleichen Bundespolitikern regiert. Das politische Machtzentrum ist von Bonn in die ehemals geteilte Stadt Berlin umgezogen. Städte wie Weimar, Dresden, Potsdam, Rostock und Erfurt erstrahlen durch gemeinsame Kraftanstrengung in neuem Glanz. Menschen aus dem Ruhrgebiet fahren gern mal an die Ostsee oder in den Spreewald und nicht mehr nur an die Nordsee oder in die Lüneburger Heide. Lausitzer zieht es eher in den Schwarzwald als ins Erzgebirge; sie besuchen häufiger Bekannte in München und nicht immer nur die Tante in Magdeburg.

Vorurteile und Stigmatisierungen, die »Ossis« gegenüber den »Wessis« und ebenso »Wessis« gegenüber den »Ossis« hegen, scheinen sich in den letzten zwanzig Jahren weitgehend abgeschliffen zu haben. Wir wurden 1996 zusammen Fußball-Europameister, unsere Frauen 2003 und 2007 Fußball-Weltmeisterinnen. 2005 hieß es in der »Bild«-Zeitung gar »Wir sind Papst«. Wir erlebten gemeinsam das Fußball-Sommermärchen 2006 und das Handball-Wintermärchen 2007 und bejubelten im August 2009 die Leichtathleten aus aller Welt bei ihren Wettkämpfen in Berlin. So macht man sich nun eher wieder über Ostfriesen, Sachsen, Bayern oder Schwaben lustig als über »Ossis« oder »Wessis«. Doch wir stehen auch ständig vor neuen Herausforderungen, die sich beispielsweise durch die Globalisierung, das Zusammenwachsen der Märkte nach der EU-Erweiterung und nun die weltweite Finanz- und Wirtschaftskrise ergeben. Im Sommer 2008 schlug sie die ersten Wellen und erfasste kurze Zeit später ganz Deutschland. Auch gemeinsame Aufgaben verbinden.

75

Zeigt sich denn das Gemeinsame, das Verbindende auch in den Lebensentwürfen und Anschauungen der von uns befragten Frauen, die kurz vor der Wende geboren wurden? Teilen sie die Vorstellungen zu Beruf und Familie, entsprechen sich ihre Wünsche? Oder stellt sich heraus, dass die großen Unterschiede, die in der Arbeitsmarkt-, Sozial- und Familienpolitik zwischen der DDR und der BRD bestanden, bis heute fortleben und Einstellungen prägen? Hat die derzeitige Krise zu einer Annäherung der Frauen aus Ost und West geführt? Halten sie an ihren Überzeugungen und Wünschen fest in Zeiten des Umbruchs? Können wir bereits von einem »Deutschland, einig Frauenland« sprechen?

Gemeinsame Welten

Zunächst: Übereinstimmung, wohin man auch blickt. Die jungen Frauen in Ost wie West sind gleichermaßen gut ausgebildet, ambitioniert, konzentriert. Sie sagen von sich selbst, dass sie kommunikativ sind, ihre Aufgaben effizient erledigen, gern Verantwortung übernehmen und sich gut durchsetzen können. Auch sind sich mehr als ein Drittel von ihnen einig, dass sie lieber im Chefsessel als im Vorzimmer arbeiten möchten. Sie haben vergleichbare Netzwerke, treffen sich ebenso häufig mit Freunden, Bekannten und Verwandten. In ihrer Familie übernehmen sie im selben Maße Verantwortung.

Sie berichten über ähnliche Gefühle, empfinden im selben Umfang Glück und Geborgenheit. 40 Prozent der west- und ostdeutschen Frauen sagen, dass ihre Lebenszufriedenheit von 2007 bis 2009 gestiegen sei, knapp die Hälfte ist so zufrieden wie vor zwei Jahren. Ebenso fühlen sie sich von denselben Dingen belastet, sorgen sich um die gleichen gesellschaftlichen Ereignisse. Auch schätzen sie Spannungen in der Gesellschaft gleich ein. Ihr zivilgesellschaftliches Engagement liegt auf ähnlichem Niveau. Ost- und westdeutsche Frauen verbindet mehr, als sie trennt – und dennoch liegen zwischen ihnen auch heute noch Welten.

Ostdeutsche Frauen wünschen sich stärker als westdeutsche ein Kind (92 zu 85 Prozent) und erachten Familie und Kinder für außerordentlich wichtig (75 zu 70 Prozent). Eine feste Beziehung spielt bei ost- und westdeutschen Frauen eine gleich große Rolle. Und zu dieser Beziehung gehören eben auch Kinder, dies sagen im Osten 45 Prozent, im Westen nur 35 Prozent der Frauen. Dabei ist dieser große Kinderwunsch nicht zwingend an die Ehe gebunden, lediglich ein Fünftel der ostdeutschen Frauen nennt diese Bedingung – halb so viele wie in Westdeutschland.[25]

Führt der große Kinderwunsch ostdeutsche Frauen zurück an den häuslichen Herd? Nein, im Gegenteil. Sie sehen sich fast ausschließlich im Beruf und nicht zu Hause. Sie wollen als Erwerbstätige »etwas leisten«, sie wollen »viel Geld verdienen«. Sie streben auch längere Arbeitszeiten als westdeutsche Frauen an: Zwei Drittel von ihnen würden gerne 31 bis 40 Stunden pro Woche arbeiten, im Westen sind es 52 Prozent.

Erwerbstätig zu sein, ist den ostdeutschen Frauen selbstverständlicher und wichtiger als den westdeutschen – trotz des größeren Kinderwunsches. Lediglich 8 Prozent würden wegen ihrer Arbeit auf Kinder verzichten, in Westdeutschland sind es 12 Prozent. Vor zwei Jahren waren es noch 10 Prozent im Osten und 16 Prozent im Westen. Die Frauen zeigen sich also weniger kompromissbereit – trotz oder wegen der Krise?

Nach einer Geburt wollen ostdeutsche Frauen auch viel schneller an den Arbeitsplatz zurückkehren, eine außerhäusliche Betreuung der Kinder ist für sie dabei normal. Knapp zwei Drittel würden ihr Kind bereits im ersten Lebensjahr für ein paar Stunden betreuen lassen, während nur ein Drittel der westdeutschen Frauen das in Erwägung zieht. Entsprechend wird die mangelnde Vereinbarkeit von Beruf und Familie insbesondere von ostdeutschen Frauen bitter beklagt: Betriebe nähmen heute zu wenig Rücksicht auf die Belange von Eltern. Mehr noch: 30 Prozent der ostdeutschen Frauen sagen, dass die Kinderfreundlichkeit in Deutschland in den letzten einenhalb Jahren abgenommen habe. 37 Prozent weisen darauf hin, dass die Vereinbarkeit von Familie und Beruf schwieriger geworden sei. Besonders für Mütter hätten sich die Möglichkeiten, berufstätig zu sein, verschlechtert. Westdeutsche Frauen nehmen weniger eine Verschlechterung wahr – vielleicht, weil sie es gar nicht anders kennen.

Tradition und kulturelle Normierungen haben zwanzig Jahre überlebt. Die ostdeutschen Frauen sind von Müttern erzogen worden, die in Vollzeit erwerbstätig waren. Am Morgen waren sie in der Kinderkrippe und im Kindergarten, am späten Nachmittag dann wieder daheim. Sie kennen aus eigener Erfahrung nicht die Routine, kurz nach 13 Uhr die Schule zu verlassen und nach Hause zur Mutter zu gehen. Nahezu alle waren nach der Schule in Betreuungseinrichtungen. Den Begriff »Rabenmutter« kennen sie gar nicht. Eher wurde es skeptisch beäugt, wenn eine Frau nach der Geburt eines Kindes nicht mehr ins Erwerbsleben zurückkehrte und sich voll um die Erziehung ihres Kindes kümmerte.

Dies ist noch heute so. Den ostdeutschen jungen Frauen wurde die Vereinbarkeit vorgelebt, und sie beanspruchen sie für sich. Dies lässt sich auch mit der amtlichen Statistik nachweisen. Von den 25- bis 60-jährigen Frauen in Ostdeutschland wollen 89 Prozent einer Erwerbstätigkeit nachgehen, in Westdeutschland nur knapp 75 Prozent.[26] Von ihren unter dreijährigen Kindern besuchen in Ostdeutschland 40 Prozent eine Kinderbetreuungseinrichtung, in Westdeutschland sind es 8 Prozent. Sind Kinder zwischen drei und sechs Jahren alt, so liegt die Betreuungsquote im Osten bei 93 Prozent,[27] und das größtenteils ganztags. In Westdeutschland werden 86 Prozent aller Kinder betreut, hier meist als Teilzeitangebot. Auch bei den Grundschülern (sechs bis zehn Jahre) sind die Ost-West-Unterschiede eklatant. In Ostdeutschland gab es 2002 für 66 Prozent aller Kinder ganztagsschulische Angebote, im Westen nur für 6 Prozent der Kinder.[28] Der große Wunsch ostdeutscher Frauen nach Kindern *und* Erwerbsarbeit ist kein Ausdruck von Naivität. Im Gegenteil: Diese

Frauen wissen, dass es geht, dass es sogar gut geht – und viele von ihnen haben Rahmenbedingungen, die ihnen diese Vereinbarkeit ermöglichen.

Beruf und Kinder sind nicht alles: Ich bin mir selbst auch wichtig

West- und ostdeutsche Frauen unterscheiden sich auch deutlich darin, wie wichtig ihnen das eigene Aussehen ist, wie sie ihr Aussehen wahrnehmen und wie wichtig ihnen Sex ist. Ostdeutschen Frauen ist ihr Aussehen sehr wichtig, das betonen 24 Prozent, der Wert steigt nach anderthalb Jahren auf 31 Prozent. Die westdeutschen Frauen sind hier zurückhaltender, hier stimmen lediglich 18 Prozent zu, 2009 dann 24 Prozent. Ostdeutsche Frauen sind mit ihrem Aussehen auch zufriedener: Jede fünfte ostdeutsche Frau bestätigt dies, von den westdeutschen Frauen ist dies gerade einmal jede zehnte.

Die ostdeutschen Frauen fühlen sich sexy – häufiger, als dies die westdeutschen Frauen von sich sagen. Und Sex ist für sie wichtig, mehr als den westdeutschen Frauen (58 Prozent zu 50 Prozent). Auch nach anderthalb Jahren zeigen sich diese Unterschiede noch, auch wenn zwischenzeitlich der Wert bei ost- und westdeutschen Frauen gestiegen ist (72 Prozent zu 64 Prozent). Vermutete man, hauptsächlich niedrig gebildete Frauen – »blonde Dummchen« mit Nagelfeile statt Laptop – sprächen ihrem Aussehen und Sex eine hohe Bedeutung zu, so liegt man falsch. Unterschiede nach Bildung und Herkunft sind nicht feststellbar.

Warum ist das so? Warum sind ostdeutschen Frauen Aussehen und Sex wichtiger als westdeutschen? Warum sind sie zufriedener? Wir können nur spekulieren: Sind sie schlicht unverkrampfter und leiden weniger unter Perfektionsdruck? Oder handelt es sich um Zeichen eines ganzheitlicheren Lebens? Nicht nur der Beruf, Kinder und die »anderen« stehen im Vordergrund; die ostdeutsche Frau kümmert sich auch um sich selbst, zieht Kraft aus dem vielfältigen Leben.

Abb. 12: Frauenanteil der 18- bis 29-Jährigen in Deutschland 2003

Anzahl Frauen je 100 Männer in der
Gruppe der 18- bis 29-Jährigen 2003

- 82 und weniger
- 82,01 bis 90
- 90,01 bis 98
- 98,01 bis 106
- mehr als 106

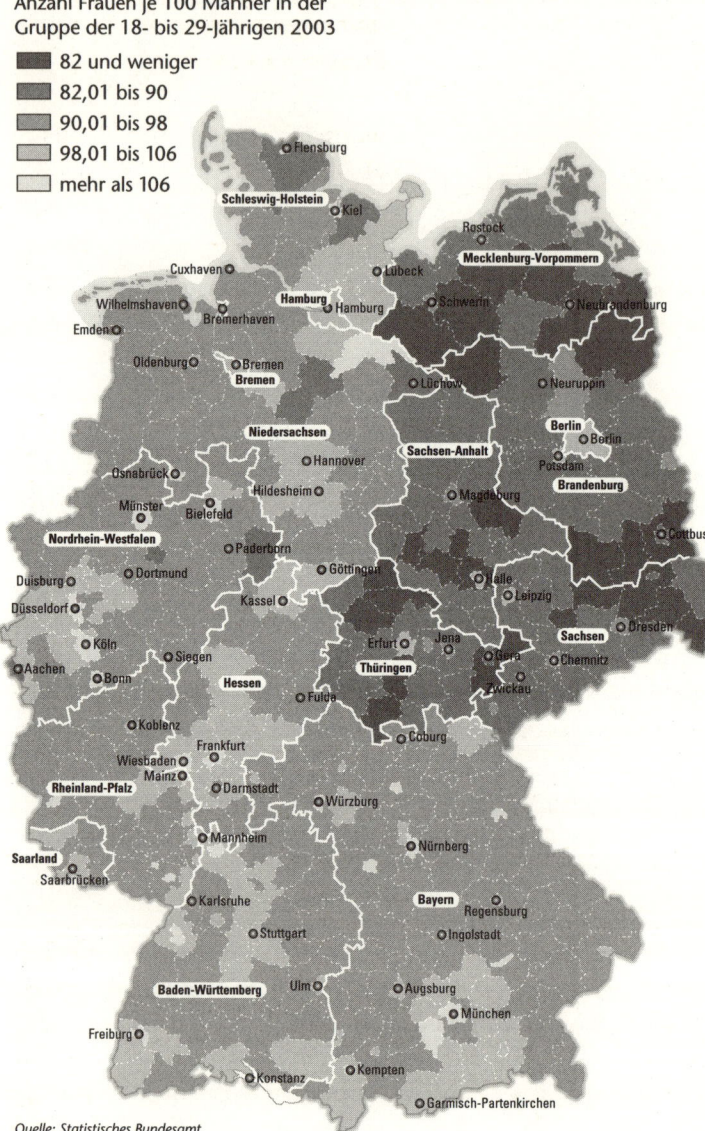

Quelle: Statistisches Bundesamt

Für ostdeutsche Frauen sind berufstätige Frauen deutlich selbstbewusster als Hausfrauen (51 Prozent Ost, 38 Prozent West), und sie gestehen Frauen viel eher zu, etwas riskieren und sich Respekt verschaffen zu können. Frauen im Osten zählen mehr auf Frauen, sie gehen nicht auf in anderen gesellschaftlichen Teilbereichen, sie wahren ein Stück eigenes Leben.

Gleichzeitig mag das Selbstwertgefühl auch aus der Tatsache erwachsen, dass Frauen in Ostdeutschland ein knappes Gut werden: Je 100 Männer leben dort gerade 85 Frauen. Wie auch immer, eines steht fest: Die Haltung ostdeutscher Frauen ist Zeichen eines hohen weiblichen Selbstbewusstseins. Vielleicht können westdeutsche Frauen hier einiges lernen?

Frauen reagieren, statt zu lamentieren

Betrachten wir die Gründe für das zahlenmäßige Verhältnis von Frauen und Männern in den ostdeutschen Bundesländern etwas näher. Von allen Menschen, die seit 1991 Ostdeutschland verlassen haben, sind fast zwei Drittel Frauen.[29] Bis auf die großen Ballungsgebiete, wie etwa Leipzig und Berlin, hat sich in Ostdeutschland ein Männerüberschuss bei den 20- bis 29-Jährigen entwickelt, der europaweit beispiellos ist. Lediglich in fünf Kreisen Deutschlands gab es 1995 das kritische Zahlenverhältnis von 100 Männern zu 85 Frauen im Alter von 18 bis 29 Jahren, doch 2005 verzeichneten bereits 59 Kreise eine derart ungünstige Konstellation. Hiervon liegt nur ein einziger in Westdeutschland. Christiane Dienel und Antje Gerloff, die 2004 eine Abwanderungsstudie über Sachsen-Anhalt[30] vorlegten, sehen in der guten Ausbildung und den guten Zeugnissen der jungen Frauen eine mögliche Ursache dieser selektiven Abwanderung. Bei überregionalen Bewerbungen zähle zunächst die Schriftform, und das komme den Frauen zugute, wogegen bei der lokalen Vergabe von Ausbildungsplätzen eher die Männer bevorzugt würden. Zudem suchen Frauen deutlich häufiger Ausbildungsplätze im Dienstleistungssektor, der in den ländlichen Regionen Ostdeutschlands kaum entwickelt ist.

Die zurückgelassenen Männer sind im Durchschnitt niedriger gebildet und häufiger arbeitslos. Sie sind keine attraktiven Partner für junge Frauen.[31] Ostdeutsche Frauen erwarten von ihrem Partner, dass er genauso Familie und Beruf unter einen Hut bringen kann, wie sie es vormachen. Selbst Einkommensverluste für den Partner hinzunehmen kommt nur selten infrage (24 Prozent). Westdeutsche Frauen sind hier nachgiebiger (43 Prozent). Ostdeutsche Frauen zeigen sich insgesamt weniger kompromissbereit, wodurch sich das zahlenmäßige Ungleichgewicht zwischen Frauen und Männern in Ostdeutschland möglicherweise noch weiter verschärfen wird.

Rolle rückwärts in der Krise?

In den letzten eineinhalb Jahren haben mehr ostdeutsche als westdeutsche Frauen den Eindruck gewonnen, dass das Leben schwerer zu bewältigen sei. Die Möglichkeiten, beruflich aufzusteigen und nach oben zu kommen, hätten sich verschlechtert. Um die 80 Prozent haben Angst vor den Folgen der Wirtschaftskrise, arm zu werden oder gar von staatlicher Unterstützung abhängig zu sein. Die Arbeitslosigkeit liegt in Ostdeutschland viel höher als im Westen. Dass die ohnehin große Sorge um den eigenen Arbeitsplatz im Osten nochmals deutlich stärker ausgeprägt ist, verwundert nicht. Die Angst vor allgemeiner Massenarbeitslosigkeit unter den ostdeutschen Frauen ist von 2007 bis 2009 um 20 Punkte gestiegen. 32 Prozent der westdeutschen Frauen halten ihre eigene Arbeitsstelle für sicher, nur 22 Prozent sind es in Ostdeutschland.

Diese Verunsicherung hat Folgen für die Bewertung sozialer Unterschiede in Deutschland. Über ein Drittel der ostdeutschen Frauen empfindet bereits 2007 die Gesellschaft als völlig ungerecht, bei den ostdeutschen jungen Männern sind es 29 Prozent. Im Westen liegen die Werte deutlich niedriger. Ost- und westdeutsche junge Menschen stimmen jedoch darin überein, dass sich die soziale Kluft seit 2007 eher vergrößert hat. Es ist zu erwarten, dass sich diese gesellschaftlichen Spannungen verstärken werden, wenn die Folgen der Krise zu weiteren sozialen Verwerfungen führen. Gesellschaftspolitisch besteht hier dringender Handlungsbedarf, zumal die Herkunft aus den neuen Bundesländern als bestimmend für Ungleichheit angesehen wird: 15 Prozent der ostdeutschen Frauen geben 2007 an, ihre Benachteiligung folge auch aus der Tatsache, dass sie aus den neuen Bundesländern kämen. Ein Viertel meint, Ostdeutsche können allemal nicht zu Macht und Einfluss kommen. Die ostdeutschen Frauen sehen in ihrer Herkunft als solcher etwas, das ihnen gleiche Chancen in dieser Gesellschaft verbaut.

Diese Einschätzungen führen bei ostdeutschen Frauen zu einer scharfen Systemkritik – ihr Protestpotential steigt wesentlich deutlicher als das der westdeutschen Frauen. Als Gründe für Armut nennen sie fast doppelt so häufig wie westdeutsche Frauen das Versagen des Wirtschaftssystems und das Versagen des Staates. Auch die Banken bekommen eine Mitschuld zugesprochen. Harte Arbeit sehen nur wenige als die Ursache von Reichtum in der Gesellschaft. Westdeutsche Frauen hingegen suchen die Fehler viel eher beim Einzelnen: Nicht das Wirtschaftssystem, die Banken oder der Staat tragen Verantwortung. Wer arm ist, habe zu wenig Disziplin und einen Mangel an Fleiß. Wer hart arbeitet, werde auch belohnt. Ostdeutsche Frauen kritisieren Missstände im System, die westdeutschen Frauen suchen stattdessen die Fehler eher bei sich selbst. Zeigt sich hier wieder das Selbstbewusstsein der ostdeutschen Frauen? Ist dies ein weiterer Beleg für die Kraft des »Und«?

Junge Frauen aus Ost- und Westdeutschland verbindet vieles – ihr Selbstvertrauen in ihre eigenen Fähigkeiten, ihre Bereitschaft, Verantwortung im Beruf und in der Familie zu übernehmen, und ihre wachsende Kompromisslosigkeit. Ostdeutsche Frauen sind noch ein wenig mutiger als westdeutsche Frauen: Sie sprechen Missstände offen an, die mangelnde Kinderfreundlichkeit in der Gesellschaft, die Schwierigkeiten, Familie und Beruf zu verbinden, das Versagen des

Wirtschaftssystems und der Politik. Die Krise hat diese jungen Frauen nicht einknicken lassen. Die Bedeutung von Partnerschaft, Kindern und eigener Erwerbstätigkeit ist unverändert – das Selbstbewusstsein ungebrochen. Die Rolle rückwärts hat niemand gemacht.

KAPITEL 8

Krisenzeichen in Krisenzeiten?

Eigentlich mag man sie nicht mehr hören, die Frage »Ist die Krise auf dem Arbeitsmarkt bei den Jungen, bei den Alten angekommen?«. Die Wirtschafts- und Finanzkrise ist längst Teil unseres Alltags, und das war bereits im Frühjahr 2009 so, als wir die jungen Männer und Frauen zum zweiten Mal interviewten. Bei der ersten Befragung, im Herbst 2007, boomte der Arbeitsmarkt, Beschäftigung wurde aufgebaut, die Zahl der Arbeitslosen war seit dem Frühjahr 2005 von 5 Millionen kontinuierlich auf 3 Millionen gefallen. Im Frühjahr 2009 war die Lage anders: Das Wirtschaftswachstum brach dramatisch ein. Kurzarbeitergeld wurde massenhaft gezahlt, Insolvenz- und Übernahmeverfahren nahmen stark zu. Verlässliche Prognosen zur weiteren wirtschaftlichen Entwicklung fehlten, vieles lag im Dunkeln.

Diesen Einbruch finden wir in den konkreten Arbeitssituationen der Befragten nicht. Die Aussage »Meine Arbeitsstelle ist sicher« bejahen konstant 72 Prozent der jungen Frauen und 76 Prozent der jungen Männer. Eine solche Stabilität sehen wir bei allen Fragen zur eigenen Beschäftigung, mit nur einer Ausnahme: Zeigten sich 2007 noch 57 Prozent der Frauen mit ihrem Einkommen zufrieden – wobei dieser Wert alles andere als gut ist –, so sind es 2009 nur noch 46 Prozent, also ein deutlicher Rückgang. Bei den Männern finden wir hier Kontinuität auf höherem Niveau: Zufrieden waren und sind 60 Prozent. Wirtschaftliches Krisensymptom oder Verweis auf Lohnungleichheit zwischen Frauen und Männern? Es ist wohl die ungleiche Bezahlung für gleichwertige Arbeit, wie es die Klagen unserer Befragten über die mangelnde Gleichbehandlung der Geschlechter auf dem Arbeitsmarkt belegen. Die Botschaft ist eindeutig: Politik und Wirtschaft müssen entschlossen gegen die Lohnunterschiede zwischen Frauen und Männern angehen. Und im Gegensatz zur

Abb. 13: Veränderung sozialer Ungleichheit seit 2007

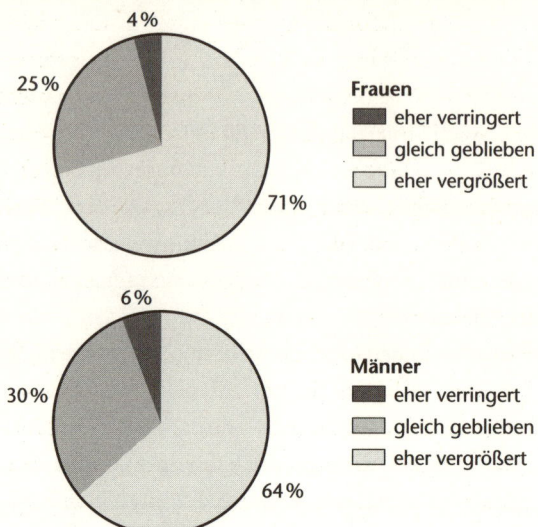

4%

25%

71%

Frauen
- ■ eher verringert
- ■ gleich geblieben
- □ eher vergrößert

6%

30%

64%

Männer
- ■ eher verringert
- ■ gleich geblieben
- □ eher vergrößert

Lösung globaler Krisen könnten sie dies auch gemeinsam, aus eigener Kraft schaffen.

Obwohl das eigene Erwerbsleben eher stetig verläuft, werden die gesellschaftlichen Umbrüche von unseren Befragten deutlich wahrgenommen. Auf die direkte Frage »Haben sich die sozialen Unterschiede in Deutschland seit der letzten Befragung verändert?« antworten nur wenige Frauen und Männer mit einem Nein. Doch 71 Prozent der Frauen und 64 Prozent der Männer finden, der Abstand hätte sich seit 2007 vergrößert.

Gesellschaftsbilder: Wenige oben, viele unten

Wie sind diese Bewertungen einzuordnen? In den frühen 1950er Jahren sprach der Soziologe Helmut Schelsky[32] von der »nivellierten Gesellschaft«. Der breiten Masse geht es gut, nur wenige sind reich, nur wenige arm. Karl Martin Bolte benutzte dafür in den 1960er Jahren das Bild einer Zwiebel.[33]

Die von uns befragten Frauen und Männer wurden 20 bis 30 Jahre nach Erscheinen dieser Gesellschaftsdiagnosen in den späten 1980er Jahren geboren. Sie wuchsen nicht mit Norbert Blüms Versprechen auf: »Die Rente ist sicher.« Stattdessen sind sie umgeben, wenn nicht umstellt, von Reformen: Stärkung der privaten Vorsorge für Alter und Gesundheit, krisengeschüttelter Aufbau der Pflegeversicherung, Umbau der Arbeitslosenversicherung. Der Staat schnallt den Gürtel enger: Alles läuft auf eine Garantie des Nötigsten hinaus. Die meisten unserer Befragten kennen Bezieher von Hartz IV, zählen Langzeit-arbeitslose zu ihren Bekannten.

Die jungen Frauen wuchsen nicht nur in einem Sozialstaat anderer Prägung auf, sie sind auch mit einem anderen Verständnis von Familie groß geworden. Sie staunen nicht über hohe Scheidungs-raten. Sie alle kennen Frauen, die getrennt leben, geschieden sind, Kinder allein großziehen, oder eben erwerbstätige Mütter. Im magischen Dreieck »Staat – Markt – Familie« haben sich für diese Generation alle drei Achsen stark verändert.

Versetzen wir uns in die Lage der jungen Arbeitnehmerinnen, der Studentinnen, der jungen Mütter und fragen: Wie nehmen sie die Gesellschaft wahr, und wo verorten sie sich selbst? Um mehr über die Gesellschaftsbilder der jungen Leute zu erfahren, nutzten wir wieder ein bildliches Verfahren. Wir legten den Frauen und Männern in einem Bild unterschiedliche Verteilungsformen – eine Pyramide, eine Zwiebel, ein Rechteck – vor und baten zunächst darum, sich für diejenige Form zu entscheiden, die ihrer Meinung nach die Gesellschaft am besten beschreibt. Anschließend wollten wir wissen, wie sie die Verteilung bei Männern und Frauen sehen. Auch hier konnten sie zwischen verschiedenen Darstellungen auswählen. Dann interessierte uns, wo die befragten Personen sich selbst in ihren Gesellschaftsbildern positionieren, und zwar heute und in zehn Jahren. Der Abstand zwischen den beiden Angaben zeigt uns die Mobilitätserwartung im eigenen Lebensverlauf. Schließlich baten wir die Befragten darum, ihre Eltern einzustufen. Die Linie zwischen der Einordnung der Eltern und der eigenen Person bezeichnen wir als Mobilität zwischen den Generationen.[34]

Obgleich wir nahe an der klassischen Frage nach der sozialen Schichtung bleiben wollten, war es uns wichtig, unterschiedliche Dimensionen, die oft unter dem Begriff der sozialen Schichtung zusammengefasst werden, eindeutig zu unterscheiden. Wir haben uns daher entschlossen, Gesellschaftsbilder getrennt für die Dimensionen Macht, Verantwortung und Armut/Reichtum zu erheben.

Macht ist männlich

Unter Macht verstehen wir mit Max Weber »jede Chance, innerhalb einer sozialen Beziehung den eigenen Willen auch gegen Widerstreben durchzusetzen, gleichviel, worauf diese Chance beruht«.[35] Wir erfassen also die wahrgenommene Gestaltungsmacht, relativ gesehen, im Vergleich zu anderen.

Nach Ansicht unserer Befragten ist Macht in der Gesellschaft sehr ungleich verteilt. 56 Prozent der jungen Frauen und 64 Prozent der jungen Männer entscheiden sich im Jahr 2007 für jene Darstellung, die die höchste Form der Ungleichheit ausdrückt: die Pyramide. Nur wenige verfügen über Macht und Einfluss, sehr viele sehen sich davon ausgeschlossen. Das Bild einer Zwiebel, mit wenigen Menschen oben und unten, wählen 25 Prozent der Frauen und 19 Prozent der Männer. 2009 befragten wir die jungen Frauen und Männer erneut: Die ungleiche Verteilung von Macht hat sich für sie noch verschärft. Jetzt wählen insgesamt 68 Prozent die Pyramide. Dabei stieg der Wert bei den Frauen deutlicher an (von 56 Prozent auf 66 Prozent) als bei den Männern (von 66 Prozent auf 70 Prozent).[36]

Macht und Einfluss sind auch geschlechtsspezifisch verteilt. Insgesamt wählen 66 Prozent der Frauen solche Bilder, die mehr Macht und Einfluss von Männern als von Frauen zeigen. Fragen wir die Männer, so werden die Unterschiede noch deutlicher: Von ihnen suchen sich 72 Prozent Darstellungen aus, die Männern mehr Macht als Frauen zusprechen.

Die befragten Frauen und Männer legten anschließend ihre eigene Position innerhalb der von ihnen gewählten Abbildung fest.[37] Anzugeben waren Werte zwischen plus 4 (ganz oben) und minus 4 (ganz unten). Im Durchschnitt platzierten sich Frauen bei einem Wert von minus 1,4, Männer wählten die exakt gleiche Einstufung. Auch in der Verteilung zeigten sich keine Unterschiede. Im oberen Drittel verorten sich 8 Prozent der Frauen und Männer, im unteren sind es 55 Prozent. Die meisten Personen erleben sich ohne viel Macht.

Gefragt nach ihrer Position in zehn Jahren, wählen Frauen einen Wert von minus 0,2, Männer von plus 0,1. Diese Unterschiede sind klein, die erwarteten Mobilitätsgewinne eher bescheiden, man klettert nur ein Stückchen nach oben.[38] Illusionen über einen Aufstieg von der machtlosen Tellerwäscherin zur einflussreichen Millionärin macht sich hier niemand. Angst vor einem Absturz zeigt sich allerdings auch kaum.

Bei der Wiederholungsbefragung 2009 stellt sich die Situation nun etwas anders dar. Frauen stufen sich aktuell bei minus 1,2 ein, Männer bei minus 1,1. Es zeigen sich also leichte Gewinne im Vergleich zu 2007. Gefragt zu ihrer Perspektive in den kommenden Jahren, wählen Frauen nun einen Wert von minus 0,4, Männer einen Wert von 0,0. Setzt sich diese leicht sichtbare Scherenentwicklung fort?

Vergleichen wir die Generationen, fällt ebenso eine große Kontinuität auf. Nur 15 Prozent der jungen Frauen erwarten, dass sie in Zukunft über mehr Macht verfügen als ihre Mütter, kaum eine Frau erwartet, ihren Vater zu übertreffen. Die jungen Männer ordnen ihre Eltern deutlich niedriger ein, als es die jungen Frauen tun. Nur 11 Prozent sprechen ihren Müttern überhaupt große Macht zu. Das Überspringen ist damit leichter: 27 Prozent erwarten, ihre Mütter zu übertreffen, einige auch ihre Väter. Weder Töchter noch Söhne rechnen jedoch mit »dem großen Sprung« nach oben oder unten.

Wir fassen zusammen: Die Verteilung von Macht und Einfluss wird als extrem ungleich erlebt, in der Gesellschaft insgesamt, aber auch zwischen Männern und Frauen. Sich selbst erlebt man als eher machtlos, nur wenige sehen sich im oberen Drittel. Und es überwiegt ein Bild der Kontinuität. Wir finden somit eine äußerst ungleiche Gesellschaft, in der sich Frauen und Männer dauerhaft in einer Position verorten. Wenn überhaupt Bewegung erwartet wird, dann als geringer Aufstieg, im eigenen Lebensverlauf ebenso wie gegenüber den Eltern. Furcht vor dem Absturz hat kaum jemand. Die Ergebnisse zeigen ebenfalls: Frauen und Männer nehmen die gesellschaftliche Verteilung von Macht ganz ähnlich wahr: Männer haben mehr Macht als Frauen. Stufen sich die jungen Frauen und Männer dann aber selbst ein, geben sie sich die exakt gleiche Position. Leichte Unterschiede zeigen sich erst in den Zukunftserwartungen. Wir wissen: Erwartungen prägen das Verhalten, prägen auch Wahrnehmungen.

Frauen tragen Verantwortung

Unter Verantwortung verstehen wir Zuständigkeiten und Verpflichtungen in der Gesellschaft. Das meint auch, Fürsorge für andere zu tragen und über das eigene Tun und Handeln Rechenschaft abzulegen. Gemeint und erfasst wird die *Zukunftsverantwortung*, Verantwortung für unsere Gesellschaft und die Bereitschaft, sie tatsächlich aktiv zu übernehmen.[39]

Verantwortung ist in der Gesellschaft gleichmäßiger verteilt als Macht. Dennoch wählten 2009 fast die Hälfte der Frauen (49 Prozent) und Männer (48 Prozent) als Darstellungsform die Pyramide, etwas mehr als 2007. Die Befragten sehen also nur wenige »Verantwortungsträger«, aber viele Menschen, die keine Verantwortung tragen, dies nicht wollen oder können. Für die Verteilung nach Art einer Zwiebel entschieden sich 29 Prozent. Diese Grundform wurde also deutlich häufiger angegeben als bei der Frage nach Macht und Einfluss. Die Bereitschaft, Verantwortung zu übernehmen, scheint insgesamt mehr Personen zugesprochen zu werden, auch wenn nur einige »Top-Verantwortungsträger« gesehen werden.

Waren nach Meinung der Befragten Macht und Einfluss nach Geschlecht äußerst ungleich verteilt, so gilt dies hier in weitaus geringerem Maße und wenn, nur in umgekehrter Richtung: Immerhin 77 Prozent der Frauen befinden, dass Frauen im Vergleich zu Männern ebenso viel oder gar mehr Verantwortung tragen. Bei der Verteilung von Macht und Einfluss lag der entsprechende Wert bei 34 Prozent. Nur knapp ein Viertel der Frauen sehen mehr Verantwortungsbereitschaft bei Männern als bei Frauen, bei Macht und Einfluss waren es 66 Prozent.[40]

Und wie schätzen das die Männer ein? 63 Prozent geben an, dass Frauen ebenso viel Verantwortungsbereitschaft wie Männer zeigen oder sogar mehr als sie. Allerdings unterscheiden sich hier die Angaben von Männern und Frauen deutlich: Ein »Mehr« an Verantwortung von Frauen sehen nur 15 Prozent der Männer, also 20 Prozentpunkte weniger als bei den Frauen. Und 37 Prozent der Männer meinen, dass Männer mehr Verantwortung als Frauen tragen; dieser Wert liegt 14 Prozentpunkte über jenem der Frauen.

Wo verorten sich nun die Befragten selbst? Nutzen wir wieder die Skala von plus 4 (oben) bis minus 4 (unten). Frauen geben sich einen Wert von plus 0,3, Männer von minus 0,2. Insgesamt positionieren sich Frauen und Männer also wesentlich höher als bei der Frage nach Macht. Und Frauen ordnen sich hier etwas höher ein, als Männer dies tun. Im oberen Drittel der Verteilung sehen sich 28 Prozent der Frauen, im unteren Drittel 18 Prozent. Bei den Männern sind es oben 23 Prozent und unten ebenfalls 18 Prozent.

Auch hier rechnen die Befragten mit wenig Bewegung in den nächsten 10 Jahren: Frauen erwarten einen Wert von plus 1,2, Männer von plus 0,9. Betrachtet man die individuellen Veränderungen, so sieht man, dass überhaupt nur 17 Prozent der Frauen und Männer erwarten, dass sie später mehr Verantwortung übernehmen als heute, insbesondere sind dies Frauen und Männer mit guter Bildung. Anders stellt sich der Vergleich zu ihren Eltern dar. Von den Frauen stufen sich rund 16 Prozent höher als ihre Mütter und 23 Prozent höher als ihre Väter ein. Vorwiegend gut gebildete Frauen aus bildungsfernen Elternhäusern berichten, dass sie selbst wesentlich mehr Verantwortung als ihre Mütter und Väter tragen. Frauen mit niedriger Bildung aber fühlen sich abgehängt und fallen sogar noch hinter ihr heutiges Niveau zurück. Wieder ein Zeichen für die gefühlte Machtlosigkeit jener mit unsicheren Arbeitsplätzen, die eine Zukunft voller Fragezeichen für sich und ihre Kinder vor sich sehen. Eine solche Orientierung liegt nicht im gesellschaftlichen Interesse.

Was Verantwortung betrifft, ordnen Männer ihre Eltern auch niedriger ein, insbesondere ihre Mütter. Dadurch gewinnen rund 21 Prozent der Männer gegenüber ihren Müttern, aber nur 14 Prozent gegenüber ihren Vätern.

Frauen übernehmen somit gesellschaftliche Verantwortung; mehr als Männer, mehr als ihre Eltern und speziell mehr als ihre Väter. Dies gilt vor allem für gut gebildete Frauen aus bildungsfernen Elternhäusern. Aus Anlass des Internationalen Frauentages 2008 veröffentlichte die »taz« eine Sonderausgabe zum »Megatrend Frau«. »Ich Jane, du Tarzan« lautet der Titel. In ihrem Leitartikel schreibt Heide Oestreich: »Wird das 21. Jahrhundert weiblich? Mit Angstlust beschwören die Medien die neue Macht der jungen Frauen.«[41] Doch die Bereitschaft der jungen Frauen, in großem Umfang Verantwortung für die Gesellschaft zu tragen, sollte uns diese Angst nehmen. Wir haben genügend andere Gründe, uns zu sorgen und zu fürchten in der Welt des 21. Jahrhunderts – der »Megatrend Frau« ist keiner, im Gegenteil, er gibt uns Grund für mehr Zuversicht.

Arm und reich

Kommen wir abschließend zu der wahrgenommenen Verteilung von Armut und Reichtum, die wir 2009 ermittelt haben. Hier wählen 70 Prozent der Frauen und 64 Prozent der Männer die Grundform einer Pyramide: Sehr wenige sind reich, sehr viele sind arm. Bezogen auf Geschlechterdifferenzen meinen die meisten Frauen und Männer, dass Männer im Vorteil sind und über mehr Geld verfügen. Ein Drittel der Frauen und Männer sieht keine Geschlechterunterschiede.

Frauen wie Männer stufen sich auf der Skala von plus 4 (ganz oben) bis minus 4 (ganz unten) bei einem Wert von minus 1,0 ein und meinen, gegenüber dem Zeitpunkt der letzten Befragung (minus 1,1) leichte Gewinne erzielt zu haben. Diese erwarten sie auch im weiteren Lebensverlauf. In zehn Jahren sehen sich Männer und Frauen knapp unterhalb der Null-Linie, also in der Mitte. Damit übertreffen sie die Position ihrer Eltern, die Frauen bei minus 0,5 und Männer bei minus 0,4 einordnen. Wiederum kann von Abstiegsbefürchtungen im Vergleich zu den Eltern nicht die Rede sein: Die meisten jungen Frauen und Männer rechnen damit, in zehn Jahren einen höheren Lebensstandard als ihre Eltern zu besitzen.

Um die Werte von Frauen und Männern innerhalb der Pyramide einschätzen zu können, baten wir, eine Armutslinie in die gewählte Verteilungsform einzutragen. Unterhalb dieser Linie befinden sich also arme Personen; wer über dieser Linie liegt, wird von den Befragten nicht als arm bezeichnet. Frauen und Männer setzen diese Armutslinie im Durchschnitt bei einem Wert von minus 1,3 an. Das heißt auch, dass sich nur wenige von ihnen selbst als arm einschätzen.

Als arm bezeichnen sich Personen mit niedriger Bildung. Sie tragen ihre eigene Position (minus 1,4) unterhalb der Armutslinie ein, die von ihnen bei minus 0,9 (Frauen) sowie plus 1,1 (Männer) gezogen wird. Diese niedrig gebildeten Frauen und Männer geben auch als einzige Gruppe an, seit der Befragung 2007 noch ärmer geworden zu sein. Ohne Hoffnung sind sie jedoch nicht: Über die nächsten zehn Jahre erwarten sie leichte Gewinne, die sie knapp aus der Armut herausführen werden.

Wir haben diesen Bereich weiter vertieft und nach den Gründen für Armut und Reichtum gefragt. Diese werden überwiegend nicht den gesellschaftlichen Institutionen angelastet. Individuelle Gründe, wie Disziplinlosigkeit (60 Prozent) und ein Mangel an Fleiß (42 Prozent), werden dafür verantwortlich gemacht, und zwar heute noch stärker als 2007. Auch das Versagen des Wirtschaftssystems wird als Ursache von Armut genannt, doch seit 2007 sind diese Werte nur leicht gestiegen und liegen heute bei 35 Prozent. Ähnliches gilt für das Unvermögen des Staates, dem 35 Prozent der Frauen und 31 Prozent der Männer die Schuld für die wachsende Armut geben. Neu erhoben haben wir die Einschätzung der Rolle, die die Banken spielen: 28 Prozent der Frauen und Männer sehen in der Misswirtschaft der Kreditinstitute den Auslöser für die Armut vieler Menschen. Es zeigt sich, dass institutionelle Gründe für Armut wesentlich seltener als persönliche Gründe angeführt werden; Armut wird also stark individualisiert.

Und Reichtum? Reich wird man nach Ansicht der Befragten nicht durch Leistung, sondern durch Beziehungen (Frauen 71 Prozent, Männer 67 Prozent) und aufgrund des Elternhauses (Frauen 64 Prozent, Männer 59 Prozent). Auch hier also eine Individualisierung, aber in die Gegenrichtung, auf dem Weg zu Disziplin, Fleiß und Fähigkeiten. Erst nach Netzwerkgründen kommt harte Arbeit zum Zuge (Frauen 50 Prozent, Männer 44 Prozent). »Jeder ist seines Glückes Schmied«, diese Aussage gilt folglich nur für »unten«, wenn es um das Vermeiden von Armut geht. Für »oben«, für das Erzielen von Reichtum, kommt es auf Beziehungen, das Elternhaus und auf pures Glück an.

Kommen wir zurück zu den Gesellschaftsdeutungen der jungen Frauen und Männer. Sie bemerken seit 2007 nicht nur, dass die soziale Ungleichheit zunimmt, sondern fühlen sich auch verstärkt von Massenarbeitslosigkeit bedroht. Besonders die Frauen sehen hier eine wachsende Gefahr, wie der Wert von 86 Prozent im Vergleich zu 73 Prozent im Jahr 2007 belegt. Männer äußern diese Sorge seltener, ihre Wahrnehmung von Bedrohung steigt von 69 auf 74 Prozent. Angst vor den Folgen der Wirtschaftskrise haben 78 Prozent der Frauen und 67 Prozent der Männer. Es bleibt aber nicht bei allgemeiner Angst: Die Sorge, künftig auch persönlich betroffen zu sein, ist sehr hoch. So befürchten 80 Prozent der Frauen und 77 Prozent der Männer, »selbst arbeitslos zu werden«. Die Sorge, »selbst arm zu werden«, benennen 82 Prozent der Frauen und 77 Prozent der Männer. Die Möglichkeit, eventuell »von staatlicher Unterstützung abhängig zu werden«, beunruhigt 78 Prozent der Frauen und 73 Prozent der Männer.

Die Unsicherheit war bereits 2007 hoch, nun hinterlässt zusätzlich die Wirtschaftskrise erkennbar Spuren. Reagieren die jungen Frauen und Männer? Oder lassen den Kopf hängen, halten sich aus politischen Fragen heraus, ziehen sich als »traurige Streber«[42] ins Private zurück? Nein. Das ist gerade nicht der Fall. Im Gegenteil: Zwischen 2007 und 2009 ist eine Politisierung der jungen Frauen und Männer feststellbar. Bei 38 Prozent von ihnen wächst das Interesse an Politik. Zudem meinen zumindest die besser gebildeten Frauen und Männer mehrheitlich (56 Prozent), sie könnten gesellschaftliche Verhältnisse durch eigenes soziales oder politisches Engagement beeinflussen. Wie aber setzen sie sich ein? Lassen sich hier Veränderungen erkennen?

Gefragt haben wir nach unterschiedlichen Formen politischen Engagements: Würde man an einer Unterschriftensammlung, an einer
Demonstration, an einem Streik oder an einem Boykott teilnehmen?
Würde man aus Protest erst gar nicht wählen oder rechts- und linksextremen Parteien seine Stimme geben? Drei Ergebnisse möchten wir
hervorheben: Zunächst sind politisches Interesse und politische Teilnahme eine Frage von Bildung: Bei Frauen und Männern mit hoher
Bildung spielt Politik eine wesentlich größere Rolle, sie denken eher,
dass sie durch eigenes Handeln wirklich etwas bewirken können, ver-
suchen dies auch, und zwar weit eher als Frauen und Männer mit
niedriger Bildung.

Zum zweiten hat sich über die Zeit die Bereitschaft zur politischen Teilnahme deutlich verändert, weniger deutlich das konkrete
Handeln. 2007 wiesen noch viele junge Frauen und Männer jede politische Aktion strikt von sich: »Das tue ich niemals«, hieß es. Betrachtet man die Antworten jeder einzelnen Person, sieht man, dass etwa
die Hälfte derjenigen, die 2007 eine politische Teilnahme ausgeschlossen hat, sie nun zumindest für möglich erachtet, ja zu einem
Gutteil sogar schon in die Tat umgesetzt hat. Das Protest- und Akti-
vitätspotential ist in den beiden vergangenen Jahren also deutlich
gestiegen.

Ein dritter Punkt bleibt festzuhalten: Die jungen Frauen und
Männer wählen aus Protest eher überhaupt nicht, als rechts- oder
linksextremen Parteien ihre Stimme zu geben. Aber der Anteil von
Nichtwählern ist seit 2007 bei Frauen von 10 auf 14 Prozent, bei Männern von 12 auf 15 Prozent gestiegen. Schlossen 2007 noch 56 Prozent
der Frauen und Männer komplett aus, sich bei einer Wahl der
Stimme zu enthalten, so sind es heute nur noch 51 Prozent. Dabei ist
der Anteil von (potentiellen) Nichtwählern gerade bei den niedrig
Gebildeten mit 25 Prozent beunruhigend hoch.

Wir fassen zusammen: Die Krise ist bei den jungen Frauen und Männern vollständig angekommen, und zwar mehr in den Köpfen als an den eigenen Arbeitsplätzen. Sie machen sich Sorgen über die Zukunft, sie sehen zunehmende soziale Spaltungen heraufziehen. Die Wahrnehmung hoher sozialer Ungleichheit findet sich auch in der Art, wie die jungen Frauen und Männer die Verteilung von Macht, Verantwortung und Einkommen beschreiben. Sehr ungleiche Verteilungen dominieren, von Zwiebeln kann hier nicht die Rede sein. Befragt zu ihrer *eigenen* Position, sehen sich die Befragten selbst aber nicht an den Rändern, die meisten wählen das Mittelfeld – eher unten bei der Einschätzung von Macht und Einkommen, eher oben bei der Einschätzung ihrer Verantwortungsbereitschaft. Auch erwarten sie in den kommenden Jahren leichte Statusgewinne als harte Abstürze. Ein Stück Sicherheit in Zeiten großer Ungleichheit?

KAPITEL 9

Frauen auf dem Sprung

Warum dieser Titel? Welcher Sprung? Jedes einzelne Kapitel gibt mehrere Antworten. Bereits die sich verändernde Sozialstruktur in Deutschland zeigt, dass qualifizierte Arbeitskräfte dringend benötigt werden. Die deutsche Wirtschaft ist auf die meist hervorragend ausgebildeten Frauen angewiesen, denn bald werden entsprechend geschulte Männer fehlen. Eine neue Zeit hat begonnen: Frauen »dürfen« nicht nur arbeiten, da das männliche Alleinverdienermodell nicht mehr gilt, oder »können« dank ihrer Qualifikation arbeiten. Nein, nun »müssen« Frauen arbeiten. Sie werden gebraucht, denn Alternativen, wie die Beschäftigung ausländischer Arbeitnehmer, sind unter den gegenwärtigen politischen Bedingungen schwer umzusetzen. Dies ist der erste Sprung – einer, der dringend erfolgen muss.

Doch wollen die Frauen auch? Die BRIGITTE-Studie antwortet hier eindeutig: Ja, sie wollen. Die jungen Frauen haben die Spielregeln verstanden, bauen in ihrem Leben nicht darauf, dass Vater Staat sie alimentiert. Ebenso lassen sie sich nicht ein auf Risiken einer abgeleiteten Versorgung durch den Ehemann. Wenn über 90 Prozent der befragten Frauen sagen, sie wollen »auf eigenen Beinen stehen«, so spricht dies für den zweiten Sprung.

Frauen haben ihren Preis, sie lassen nicht alles mit sich machen. Die Erwerbsarbeit ist nicht ihr ganzes Leben. Partnerschaften, Freunde, Kinder und Eltern sind ihnen wichtig. Nicht im Sinne von Alternativrollen, in die sie ausweichen, wenn die Erwerbsarbeit knapp, ungesichert oder wenig zufriedenstellend wird. Auch nicht, weil sie an den Eltern nicht vorbeikommen oder weil es eben nett ist, Kinder zu haben, einen Partner. Es ist kein »Und« des Müssens, es ist ein »Und« des Wollens, ein »Und« des Verstandes. Die jungen Frauen verfügen über hohe soziale Kompetenzen, reflektieren gründlich ihr Handeln – unabhängig von ihrem formalen Bildungsabschluss. Sie lassen sich nicht treiben. Mit »weiß nicht« haben sie auf unsere Fragen so gut wie nie geantwortet. Diese Frauen sind nicht wie Dornröschen, sie wachen nicht nach Jahrzehnten auf und fragen sich, wo die Zeit geblieben ist, warum sie nun einen Beruf, aber keine Kinder, warum sie Kinder, aber keine Berufserfahrung haben. Die jungen Frauen haben aus der Geschichte gelernt. Sie sind nicht die Frauen von gestern, auch nicht die Männer von heute. Dies ist ein weiterer Sprung.

Frauen übernehmen Verantwortung, für ihr eigenes Leben und für die Gesellschaft. Gut gebildete Frauen geben sich hier auf einer Skala von 1 bis 7 einen Wert von 6 Punkten. Frauen überholen damit deutlich ihre Väter, sie überholen ihre Mütter und auch die Männer. Dieses »Raus aus dem Privaten, rein in die Gesellschaft« reklamieren sie für sich und schreiben es kollektiv allen Frauen zu. Auch dies ist ein Sprung, und es ist ein wichtiger.

Verantwortung übernehmen Frauen auch im Beruf. Mehr als ein Drittel von ihnen sieht sich später im Chefsessel, nicht im Vorzimmer. Sie arbeiten selbstbewusst und eigenständig. Und kaum anders als Männer. In der vorliegenden Studie zumindest konnten wir keine Anzeichen für einen typisch weiblichen Arbeitsstil finden: Die Selbstbeschreibungen der Frauen entsprechen denen der Männer fast völlig. Viele der in den Medien verbreiteten Bilder von den ach so »anders« führenden Frauen scheinen daher eher auf Stereotypisierungen und hoch selektive Einzelbeobachtungen zurückzuführen zu sein und nicht auf Wesensunterschiede zwischen Frauen und Männern.

Strukturen – und nicht Wesensunterschiede – erklären auch, warum sich Frauen im Vergleich zu Männern im Berufsalltag eher sorgen und leichter nervös werden. Frauen verfügen nun mal über andere Netzwerke als Männer. Wenige Frauen kennen Frauen, die führen. Und alle spüren, dass sie auf dem Weg in Führungspositionen aufmerksamer beobachtet werden, dass kritisch hinterfragt wird, ob sie führen können und tatsächlich wollen. Hierauf gibt es nur eine

Antwort: Frauen müssen ihren Mut und ihr Selbstbewusstsein zusammennehmen, sich einen Ruck geben und beruflich ins Unbekannte springen, sich Unsicherheiten bewusst aussetzen und Ängste ertragen. Anders geht das nicht. Und wir alle sollten ein bisschen weniger schnell Alternativrollen für Frauen aus dem Hut zaubern und nicht aus jedem Hinweis, dass frau auch eine Familie möchte, auf ihre Erwerbs- und Führungsunwilligkeit schließen. Wir müssen verstehen, dass sich Frauenleben historisch eben anders darstellen als Männerleben. Mit simplen und oft falschen Zuschreibungen kommen wir jedenfalls nicht weiter.

Solche Stereotypisierungen sind verbreiteter, als wir angenommen haben. Fast identische Vorstellungen von guten Partnerschaften etwa werden völlig unterlaufen und ausgehöhlt durch das vermeintlich sichere Wissen darüber, was das jeweils andere Geschlecht denkt, fühlt und will. Die Vorstellung, Frauen und Männer seien wesensmäßig vollkommen unterschiedlich, ist selbst in den Köpfen der jungen Generation noch fest verankert. Daran haben wir alle gearbeitet, in Wissenschaft, Medien und Politik. Über die Folgen müssen wir uns jetzt nicht wundern.

Frauen sind auf dem Sprung. Die Gesellschaft wird sich durch sie ebenso verändern, wie sich die Frauen selbst über Generationen hinweg durch und mit der Gesellschaft verändert haben. Die gesellschaftlichen Entwicklungen nach dem Zweiten Weltkrieg prägten die Elterngeneration der jungen Frauen, nur wenige der von uns Befragten erinnern selbst die Zeiten des wirtschaftlichen und moralischen Wiederaufbaus Deutschlands, die Trennung und Wiedervereinigung von West- und Ostdeutschland. Sie selbst wuchsen auf in einer Phase des Umbaus des Sozialstaats, hin zu Eigenverantwortung und Privatisierung und weg von umfassender Versorgung. Wen würde es wundern, wenn diese Botschaft sich bei ihnen nicht eingegraben hätte? Für wie weltfremd würden wir Frauen halten, hätten sie aus den dramatischen Erlebnissen ihrer Mütter und Großmütter keine Konsequenzen gezogen?

Natürlich kann die Gesellschaft die Dynamik der neuen Frauengenerationen wegdrücken, ihr den Schwung nehmen. Bremsklötze aber sind für die Gesellschaft letztlich teurer als Kraftstoffe, die die Dynamik beschleunigen.

Bremsklötze, das sind beispielsweise das Steuerrecht, das Ehegattensplitting, die Finanzierung von Ehe statt Kindern; die Betonung von finanziellen Transfers statt Sachleistungen; das Schneckentempo im Ausbau einer qualitativ hochwertigen Erziehung von Kindern in Kinderkrippen, Kindergärten, Horten und Ganztagsschulen; die Ausrichtung von Betrieben an der Lebenswirklichkeit von Männern mit Ehefrauen, die ihnen den Rücken freihalten, Wäsche waschen, Essen kochen und Kinder fast allein erziehen; ein Normalarbeitsverhältnis, Fünf-Tage-Woche, ganztags, Aufstiegsversprechen, ohne jeden Blick auf die Familie; Betriebe, die kurzfristigen Erfolg zelebrieren und den »shareholder value«, den Marktwert des Eigenkapitals, maximieren.

Beschleuniger dagegen, das sind Betriebe, die langfristig planen, Nachhaltigkeit leben, die Vielfältigkeit preisen und »corporate social responsibility«, also Verantwortung für soziale und ökologische Belange, zeigen; Staatsausgaben, die mehr auf die Zukunft als auf die Vergangenheit gerichtet sind, Aufwendungen also, die für Vorbeugen durch Bildung, Weiterbildung und Gesundheitserziehung stehen, und eben nicht für Sanieren durch Alimentation von Arbeitslosigkeit; das sind Ausgaben, die »Fördern« mindestens ebenso ernst nehmen wie »Fordern«.

Arbeitgeber müssen sich einstellen auf veränderte Arbeitszeiten, Arbeitstakte, Arbeitsverläufe. Lebensverläufe werden andere Formen ihrer Institutionalisierung finden, mit höherer Freiheit in der Abfolge der unterschiedlichen Phasen: Bildung, Ausbildung, Beruf, Familie, Weiterbildung, Ehrenamt, Rente. Altersgrenzen müssen fallen, über das ganze Leben.

Frauen können umso leichter springen, je mehr Männer sich ihrerseits bewegen. Dies betrifft hauptsächlich ihr Engagement in der Familie. Das weibliche »Und« von Beruf, Partnerschaft und Kind lebt umso besser, je stärker es mitgetragen wird von einem zweiten »Und« – den entsprechenden Lebensentwürfen und Lebensverläufen der Partner. Hier muss sich viel tun. Das zeigt sich am deutlichsten bei den Arbeitszeiten. Es stimmt: Männer, die Väter geworden sind, gehen nun in Elternzeit. Sie unterbrechen ihre Erwerbsarbeit. Nach außen wird sichtbar: Sie kümmern sich um ihre Kinder. Ein riesiger Fortschritt. Dann kehren sie zurück an ihren Arbeitsplatz, meist schon nach zwei Monaten. Es ist, als ob sie diese Zeit nun nacharbeiten müssten. Sie stürzen sich in die Arbeit, arbeiten mehr als zuvor. Teilzeit steht für Männer noch immer außer Frage. In dieser Phase brechen Unterschiede in den Lebensverläufen von Männern und Frauen weit auf. Zu schließen sind sie nicht dadurch, dass Frauen sich einseitig Männern anpassen. Eine Familie braucht Zeit, mit Überstunden lässt sie sich kaum vereinbaren, Familienzeit und Arbeitszeit muss sich zwischen den Eltern besser verteilen. Und die Umkehr traditioneller Geschlechterverhältnisse muss für Männer lebbar werden. Mehr Männer als von uns vermutet sind mental bereits an Bord. Damit auch sie springen können, brauchen sie Rollenvorbilder – und Arbeitgeber, die Teilzeit nicht sanktionieren und als Zeichen geringen beruflichen Engagements werten.

Frauen und Männer wollen Kinder. Noch sind die von uns Befragten zu jung, um von ihnen zu erfahren, wie viele diesen Wunsch nicht umsetzen. Es werden viele sein, so zumindest lehren uns die älteren Generationen. Die Erwerbsarbeit ist den Frauen über die Zeit noch wichtiger geworden, und der Gesetzgeber hat die Sicherung der Lebensverläufe noch enger an die eigene Erwerbstätigkeit gebunden. Krisenzeiten sind keine Kinderzeiten, auch das zeigt uns die Geschichte. Somit wird in den nächsten Jahren viel davon abhängen, was wir an Sicherheiten bieten. Im Moment steigt die Arbeitslosigkeit gerade unter den Jungen, werden Einstiege in den Arbeitsmarkt schwerer, die Beschäftigungsverhältnisse unsicherer. Diese Risikoverlagerung nach unten hat für die Lebensverläufe der jungen Generation nachhaltige Folgen. Unsicherheit bremst, verhindert sozialen Wandel. Springen müssen nicht nur die jungen Frauen. Wir alle müssen viel tun, ein »Weiter so« gibt es nicht.

ANHANG

Die Studien 2007 und 2009

»Frauen auf dem Sprung«: Die Datengrundlage 2007

Die Grundgesamtheit unserer Studie 2007 waren Frauen und Männer im Alter von 17 bis 19 und 27 bis 29 Jahren.

Das Auswahlverfahren bestand in einer Quoten-Auswahl in 288 Untersuchungsorten. Die Festlegung der Quotenmerkmale erfolgte anhand von Verteilungen ausgewählter Merkmale. Die erste Auswahlstufe bestand in einer zufallsgesteuerten Auswahl sowie regionaler Schichtung entsprechend dem ADM-Design.[43] In der zweiten Stufe wurden die zu befragenden Frauen und Männer anhand eines Quotenplans pro Untersuchungsort ausgewählt. Die Quotierung berücksichtigte die Merkmale Region (Bundesland), Gemeindegrößenklasse, Schulbesuch (nur für die 17- bis 19-Jährigen), Schulabschluss (erreicht oder angestrebt) und den Erwerbsstatus zum Interviewzeitpunkt.

Explorationen für diese Studie gab es in München, Karlsruhe, Bochum, Hamburg, Berlin, Rostock und Leipzig zwischen dem 13. Juni und dem 2. Juli 2007. Dabei wurden 15 Interviewgespräche mit den 17- bis 19-Jährigen und 12 Interviewgespräche mit den 27- bis 29-Jährigen geführt.

Die Interviews der standardisierten Befragung wurden als persönliche mündliche Interviews durchgeführt, ins Feld gingen wir zwischen dem 10. Oktober und 8. November 2007.

Insgesamt konnten 2038 Interviews geführt werden, in Westdeutschland 1588 (78 Prozent), in Ostdeutschland 450 (22 Prozent). Es wurden 513 Frauen und 515 Männer im Alter von 17 bis 19 Jahren und 507 Frauen und 503 Männer im Alter von 27 bis 29 Jahren befragt. Die Interviewdauer lag bei durchschnittlich 105 Minuten. Eingesetzt waren insgesamt 222 Interviewerinnen; die durchschnittliche Anzahl der Interviews pro Interviewerin und Altersgruppe lag bei 2,3.

»Frauen auf dem Sprung. Das Update«: Die Datengrundlage 2009

Für das Update der Studie »Frauen auf dem Sprung« wurden im April und Mai 2009 die bereits im Herbst 2007 interviewten Frauen und Männer gebeten, erneut Fragen zu ihrer aktuellen Lebenssituation, ihren Lebensentwürfen und zum wirtschaftlichen und politischen Geschehen zu beantworten. Bei der wiederholten Kontaktaufnahme erklärten sich 83 Prozent dieser jungen Frauen und Männer bereit, an einem weiteren Interviewgespräch teilzunehmen. Mit 533 (55 Prozent) der Frauen konnte im Frühjahr 2009 ein weiteres Interviewgespräch geführt werden. Davon sind 282 jetzt im Alter von 18 bis 21 Jahren (53 Prozent) und 251 im Alter um die 30 (47 Prozent). Parallel zu diesen Frauen konnten 445 Männer in den gleichen Altersgruppen noch einmal erreicht und interviewt werden (46 Prozent). Die standardisierten Interviews wurden wieder persönlich geführt. Die Interviewgespräche mit den jungen Frauen und Männern dauerten durchschnittlich 84 Minuten.

Auch wenn nicht mehr alle Frauen und Männer erreicht werden konnten oder nicht mehr für ein zweites Interviewgespräch zur Verfügung standen, ist festzuhalten, dass Frauen und Männer bezogen auf zentrale Strukturmerkmale wie Schulbildung, Region und Kinder erneut gut repräsentiert sind. Eine genaue Dokumentation findet sich unter http://www.BRIGITTE.de.

Abbildungsverzeichnis

Anmerkungen und Literatur

1 Kleinert, Corinna/Kohaut, Susanne/Brader, Doris/Lewerenz, Julia (2007): Frauen an der Spitze. Arbeitsbedingungen und Lebenslagen weiblicher Führungskräfte, Frankfurt am Main: Campus.

2 Oestreich, Heide (2008): Doping für das Selbstgefühl. Wird das 21. Jahrhundert weiblich? Mit Angstlust beschwören die Medien die neue Macht der jungen Frauen. In: taz, die tageszeitung, 07.03.2008.

3 Bolz, Norbert (2008): Wir sind alle Feiglinge! In: taz, die tageszeitung, 8./9.3.2008.

4 Belitz, Heike/Clemens, Marius/Gehrke, Birgit/Gornig, Martin/Legler, Harald/Leidmann, Mark (2008): Wirtschaftsstrukturen und Produktivität im internationalen Vergleich. Studien zum deutschen Innovationssystem, 6/2008, Berlin, Hannover.

5 Vgl. ebd.

6 Vgl. Fuchs, Johann/Dörfler, Katrin (2005): Projektion des Arbeitsangebots bis 2050: Demografische Effekte sind nicht mehr zu bremsen. IAB-Kurzbericht, 11/2005, Nürnberg: IAB.

7 Der Einfachheit halber wird im Folgenden die Lesekompetenz hervorgehoben. In den Bereichen Mathematik und Naturwissenschaft sind die Kompetenzunterschiede zwischen Jungen und Mädchen geringer.

8 Allmendinger, Jutta/Ebner, Christian/Nikolai, Rita (2008): Soziologische Bildungsforschung. In: Tippelt, Rudolf/Schmidt, Bernhard (Hrsg.): Handbuch für Bildungsforschung, VS Verlag für Sozialwissenschaften: Wiesbaden.

9 Ziel des Nationalen Bildungspanels ist es, Längsschnittdaten zu Kompetenzentwicklungen, Bildungsprozessen, Bildungsentscheidungen und Bildungsrenditen in formalen, nicht-formalen und informellen Kontexten über die gesamte Lebensspanne zu erheben (http://www.uni-bamberg.de/neps/projekt/).

10 Mikrozensus 2005, scientific use file.

11 Eurostat 2007.

12 Tivig, Thusnelda/Hetze, Pascal (2007): Deutschland im Demografischen Wandel, Rostocker Zentrum zur Erforschung des Demografischen Wandels. Leider

finden sich hier keine Aussagen zu der Kinderlosigkeit bis ins Alter von 49 Jahren.

13 Weitere grundlegende Informationen zur Studie befinden sich im Anhang.

14 Die Angaben beziehen sich auf die zweite Erhebung im Jahre 2009. Im Vergleich zur Grundgesamtheit aller Männer und Frauen in diesem Altersbereich erfassen wir damit eine geringere Teilnahme von Niedrig- und Hochgebildeten und einen etwas zu hohen Anteil von Personen mit mittlerer Bildung.

15 Allmendinger, Jutta/Podsiadlowski, Astrid (2001): Segregation in Organisationen und Arbeitsgruppen. In: Heintz, Bettina (Hrsg.): Geschlechtersoziologie. Kölner Zeitschrift für Soziologie und Sozialpsychologie, Sonderheft 41, Opladen: Westdeutscher Verlag, S. 276–307.

16 Heintz, Bettina (1997): Ungleich unter Gleichen. Studien zur geschlechtsspezifischen Segregation des Arbeitsmarktes, Frankfurt/M.: Campus.

17 Jacobs, Jerry A. (1989): Revolving Doors: Sex Segregation and Women's Careers, Stanford: Stanford University Press.

18 Allmendinger, Jutta/Henning, Marina/Stuth, Stefan (2009): Die Bedeutung des Berufs für die Dauer von Erwerbsunterbrechungen. Discussion Paper, Berlin: Wissenschaftszentrum Berlin für Sozialforschung.

19 Neben den Eltern haben auch die Großeltern eine hohe Wichtigkeit: 62 Prozent der Frauen und 55 Prozent der Männer bringen dies zum Ausdruck.

20 Hochschild, Arlie Russel (1997): The Time Bind: When Work Becomes Home and Home Becomes Work. New York: Metropolitan/Holt.

21 Evatt, Chris (1995): Männer sind vom Mars, Frauen von der Venus. Tausend und ein kleiner Unterschied zwischen den Geschlechtern, München: Piper.

22 Pease, Allan/Pease, Barbara (2000): Warum Männer nicht zuhören und Frauen schlecht einparken: Ganz natürliche Erklärungen für eigentlich unerklärliche Schwächen, Berlin: Ullstein.

23 Gray, John (1998): Männer sind anders. Frauen auch. München: Goldmann.

24 Borghorst, Hans (2003): Warum Männer saufen und Frauen zu zweit Pipi machen gehen. Oldenburg: Lappan.

25 Damit könnten auch Unterschiede in der Bedeutung von Religion zusammenhängen. Für 56 Prozent der ostdeutschen Frauen spielt Religion überhaupt keine Rolle in ihrem Leben, im deutlich kirchlicher geprägten Westen stimmen hier nur 21 Prozent der Frauen zu.

26 Mikrozensus 2005, eigene Berechnungen.

27 Statistische Ämter des Bundes und der Länder (Hrsg.) (2007): Kindertagesbetreuung regional 2006. Ein Vergleich aller 439 Kreise in Deutschland, Wiesbaden.

28 Konsortium Bildungsberichterstattung (2006): Bildung in Deutschland: Ein indikatorengestützter Bericht mit einer Analyse zu Bildung und Migration. Im Auftrag der Ständigen Konferenz der Kultusminister der Länder in der BRD und des Bundesministeriums für Bildung und Forschung, Bielefeld: Bertelsmann.

29 Kröhnert, Steffen/Klingholz, Reiner (2007): Not am Mann. Von Helden der Arbeit zur neuen Unterschicht? Lebenslagen junger Erwachsener in wirtschaftlichen Abstiegsregionen. Berlin-Institut für Bevölkerung und Entwicklung (Hrsg.), Berlin.

30 Dienel, Christiane/Gerloff, Antje (2003): Geschlechtsspezifische Besonderheiten der innerdeutschen Migration für Sachsen-Anhalt. In: Gender-Report Sachsen-Anhalt 2003. Daten, Fakten und Erkenntnisse zur Lebenssituation von Frauen und Männern, Oschersleben, S. 50–67.

31 Vgl. dazu Blossfeld, Hans-Peter/Timm, Andreas (2003): Who marries whom? Educational systems as marriage markets in modern societies. A comparison of thirteen countries. European Studies of Population, Dordrecht: Kluwer Academic Publishers. Demnach präferieren junge Frauen Männer mit gleicher oder höherer Bildung, sie wählen eher nicht geringer gebildete Partner. Bei Frauen tritt mit zunehmender Bildung ein sogenannter »Ceiling effect« ein: ihr Heiratspool wird mit zunehmender Bildung kleiner. Die Heiratschancen von niedrig qualifizierten jungen Männern sind sehr gering.

32 Schelsky, Helmut (1953): Wandlungen der deutschen Familie in der Gegenwart: Darstellung und Deutung einer empirisch-soziologischen Tatbestandsaufnahme, Stuttgart: Enke.

33 Bolte, Karl Martin (1966): Deutsche Gesellschaft im Wandel, Opladen: Leske.

34 In der Auswertung haben wir dabei die vertikalen Abstände zwischen den unterschiedlichen Punkten gemessen. Die Befragten unterscheiden sich auch darin, inwieweit sie ihre Punkte eher rechts oder links in den Formen eingetragen haben. Diese Information bleibt unberücksichtigt.

35 Weber, Max (1972) [1921]: Wirtschaft und Gesellschaft. Tübingen: Mohr, Siebeck, S. 27f.

36 Die Unterschiede zwischen den Erhebungen 2007 und 2009 sind nur bei den Fragen nach der Gesamtverteilung von Macht, Verantwortung und Einkommen deutlich ausgeprägt. Geschlechterunterschiede und die intragenerationale wie intergenerationale Mobilität bleiben dagegen stabil und werden daher nicht berichtet.

37 Zur Auswertung der entsprechenden Angaben haben wir zunächst alle Verteilungsformen – Zwiebel, Pyramide, Rechteck – vermessen und die An-

gaben in einen Zahlenraum von minus 4 (ganz unten) bis plus 4 (ganz oben) gelegt.

38 Eine deutliche Mehrheit der Frauen (75 Prozent) und Männer (69 Prozent) verändert sich nach eigener Einschätzung nicht. 21 Prozent der Frauen und 27 Prozent der Männer erwarten einen leichten, jeweils 3 Prozent einen starken Aufstieg.

39 Um zu prüfen, was genau die Befragten unter Verantwortung verstehen, haben wir in der Erhebung 2009 eine entsprechende Frage geschaltet. Die Antworten auf diese Frage entsprechen der gegebenen Definition.

40 Wir können auch empirisch ausschließen, dass Frauen Verantwortung eng im Sinne einer Verantwortung für die eigenen Kinder oder den eigenen Partner verstehen. Signifikante Unterschiede zwischen kinderlosen Frauen und Frauen mit Kindern liegen ebenso wenig vor wie Unterschiede nach Familienstand.

41 Oestreich, Heide (2008): Doping für das Selbstgefühl. Wird das 21. Jahrhundert weiblich? Mit Angstlust beschwören die Medien die neue Macht der jungen Frauen. In: taz, die tageszeitung, 07.03.2008.

42 Jessen, Jens: Die traurigen Streber. In: DIE ZEIT, 28.8.2008.

43 Vgl. z. B. ADM Arbeitskreis Deutscher Markt- und Sozialforschungsinstitute e. V. (1999): Stichproben-Verfahren in der Umfrageforschung: eine Darstellung für die Praxis, Opladen: Leske + Budrich.